아빠랑
골프 치러
가자

| 초판 | 1쇄 인쇄 2017년 2월 1일 |
| | 1쇄 발행 2017년 2월 6일 |

지은이	신동주
발행인	윤서영
디자인	송민기
편집	김정연
인쇄	현문
용지	월드페이퍼

발행처	커리어북스
출판신고	제2016-000071호
주소	(06830)용인시 수지구 수풍로 90
주문전화	070-8116-8867
팩스	070-4850-8006
이메일	home6678@naver.com

| ISBN | 979-11-959018-2-1   13690 |

이 도서의 국립중앙도서관 출판예정도서목록(CIP)은 서지정보유통지원시스템

홈페이지(http://seoji.nl.go.kr)와 국가자료공동목록시스템(http://www.nl.go.kr/kolisnet)에서

이용하실 수 있습니다.(CIP제어번호: CIP2017000737)

골프에 빠진 아빠와
사랑스러운 아들의
가족골프 이야기

커리어북스
Career Books

들어가는 글

골프에 푹 빠진 대한민국의 많은 아빠들은 아들과 또는 가족들과 같이 여행하면서 골프도 함께할 수 있는 '가족 골프여행'을 한 번쯤은 꿈꿔봤을 것이다. 나 역시 그런 평범한 아빠들 중 한 명이다.

우리 가족은 매일매일이 자기계발 중이라는 아내(41세)와, 아들 지용(초5, 12살), 딸 지윤(초3, 10살), 그리고 월급쟁이인 나(44세), 이렇게 네 명이다. 즉 골프 한 팀 구성원이다.

내가 골프를 시작한 지는 만 6년이 조금 넘었다. 90대 전후의 실력이 되면서부터는, 아들 지용이를 가르쳐서 스크린 골프장이라도 같이 다니고 싶다는 생각이 들기 시작했다. 가족들을 한꺼번에 모두 가르치면 좋겠으나 아이들의 나이, 경제적인 여건 등 여러 가지 현실적인 문제 때문에 순차적으로 골프에 입문하기로 했다.

우선 키가 160cm로 어느 정도의 신체조건을 갖춘 아들 지용이부터 시작했다. 초등학교 4학년이었던 작년 봄에 실내연습장에 등록하도록 했다. 그때는 지용이가 골프를 배운다는 것 자체가 신기했다. 그래서 나는 지용이의 골프 입문부터 시작하여 중간중간 이벤트가 있을 때마다 일기 형식으로 기록해두었다. 그렇게 자료가 쌓이다 보니 나와 같은 생각을 하는 대한민국의 많은 젊은 아빠들에게 지용이의 골프 성장과정을 소개하면서, 아이와 가족들과 함께하고 싶은 아빠의 마음을 공유하고 싶어졌다.

이 책은 지용이의 골프 성장과정을 일기 형식으로 담는 한편, 그동안 현장에서 지용이에게 알려주었던 골프 초보에게는 꼭 필요한 골프 상식을 함께 실었다. 프로골퍼도 아니고 전문가도 아닌, 그냥 골프를 좋아하는 평범한 직장인인 내가 골프 서적을 집필한다는 것이 우스꽝스러울 수도 있으나, 나 스스로 골프에 대한 열정만큼은 프로라고 생각한다.

이 책은 전문 골프 레슨 서적이 아니다. 어쩌면 정식 골프 교습가의 레슨 방법과는 다를 수도 있다. 그렇더라도 최대한 골프의 기본을 벗어나지 않으려고 노력했으니 독자들은 안심하고 읽어도 좋을 것이다.

나는 지용이를 가르치면서 아이가 흥미를 잃지 않고 골프의 즐거움을 느낄 수 있도록 하는 데 많은 노력을 기울였다. 부모의 마음으로 이 책을 읽다 보면 공감대가 형성될 수 있을 것이다. 그리고 "우리 가족, 5년 뒤 골프 여행 가자!"와 같은 인생계획을 세우는 데 도움이 될 것이라 확신한다.

문곡 신동주

차례

아들과 자연스럽게 골프 시작하기

1 010~049

아들과
자연스럽게
골프 시작하기

1

010~049

가족골프를 생각하게 된
아빠의 마음

01

불과 10여 년 전만 하더라도 골프는 기업인, 전문직 등의 비교적 여유 있는 사람들과 영업 분야에 종사하는 사람들에게만 허락된 귀족 스포츠의 느낌이 있었다. 그러다가 어느 순간부터인가 직장인들이 회식 후 가는 곳이 당구장이나 노래방에서 스크린 골프연습장으로 바뀌기 시작하였고, 지금은 나와 같은 보통의 직장인들도 골프를 즐기는 수준까지 오게 되었다.

현재 우리나라에는 약 600만 명 이상의 성인들이 골프 경험이 있다고 한다. 전체 성인의 대략 15%나 되는 수치로, 이 정도면 일시적인 유행이 아니라 대중적인 스포츠가 되었다고도 볼 수 있을 것이다. 물론 여기에는 스크린 골프 보급이 기여한 바가 크다.

나는 2009년 가을에 골프연습장에 등록했다. 주변의 권유가 있었다든가 하는 어떤 특별한 계기 때문은 아니고, 그저 자기계발의 하나라고 생각하고 실내연습장에서 3개월간 레슨을 받았다. 그 후 혼자서 6개월간 연습하고, 2010년 5월에 처음으로 잔디를 밟았다.

이래서 사람들이 골프를 치는구나!

내가 처음 필드에 나갔던 날은 18홀 내내 뛰어다닌 기억밖에 없다. 그러나 답답한 도시의 차가운 건물 속에 있다가 일상에서 벗어나 넓은 초록빛 잔디와 숲 속에 와 있다는 것만으로도 좋았다. "이래서 사람들이 골프를 치는구나!"라는 생각이 들었다. 더구나 이런 곳에서 내가 친 공이 하늘 높이 날아가는 모습을 본다면 그것이 바로 행복이지 않을까 싶었다.

다음 달 라운딩 약속을 하고 집으로 오는 도중에 연습장으로 향했다. 공을 잘 치고 싶었다. 땅볼이 아닌 하늘로 날아가는 내 공을 보고 싶었다. 마음대로 잘 되지는 않았지만, 프로들의 스윙을 매일 보고 따라서 연습했던 그때의 열정이 생각난다.

직장동료나 친구들과 같이 좋은 식당이나 경치 좋은 곳에 가면, 나중에 가족들과 다시 오고 싶다는 생각이 들곤 했다. 별로 실천한 적은 없어서 그저 가족들에게 미안할 따름이지만. 골프장도 바로 그런 곳 중 하나이다. 골프가 대중화되어 많이 보편화되었다고는 하지만 아직 경험해보지 못한 사람들이 훨씬 많다.

내가 생각하는 행복이란

나는 사랑하는 내 아내와 두 아이들과 함께 푹신한 잔디 위를 걸으며 도란도란 이야기를 나누고 싶은 꿈이 있다. 조만간 사춘기에 접어들 아이들과 페어웨이 위에서 생각을 공유하며 올바른 성인의 길로 안내하고 싶다. 굳이 행복이란

단어를 정의해보라고 한다면, "사랑하는 나의 가족들과 함께 넓은 초록빛 잔디 위에서 멋진 드라이버 샷으로 날아가는 공을 보고 '굿~샷~!'을 외쳐주며, 이런 저런 이야기를 함께 나누며 걷는 것"이라고 말할 것이다.

생각은 많이 했지만 제대로 행동에 옮긴 건 없어서, 그것이 가족들에게 항상 미안했던 부분이다. 이번에는 정말 '행복'하기 위해서 계획하고 실천할 것이다. 어쩌면 우리 가족의 최대 프로젝트(?)가 될 수도 있다.

실천에 앞서 계획을 세웠다. 나는 초등 5학년 아들 지용, 초등 3학년 딸 지윤이가 있다. 지용이는 이미 가르치기 시작했고, 1~2년 후에는 지윤이와 아내를 배우게 할 것이다. 그때쯤 중학생이 된 지용이는 나와 같이 게임을 할 수준이 되어 있을 것이고, 지윤이와 아내를 가르치면서 팀별로 게임을 할 수도 있게 될 것이다.

가족의 행복을 위한 투자

일반적으로 생각하기에 가장 큰 문제는 비용일 수 있지만, 조금만 따져보면 크게 문제되지 않는다. 아이들의 경우 태권도나 수영학원에 다니는 대신 내가 직접 골프를 가르치는 것이고, 아내도 헬스클럽이나 요가학원에 다니는 것을 대신한다고 생각하면 된다. 그리고 실전감각은, 아직 초보이기 때문에 일단은 스크린 연습장을 이용하면 된다. 물론 골프클럽, 몇 번의 필드 비용 등 초기비용은 감안해야 한다. 그러나 이것은 가족의 행복을 위한 투자라고 생각하자.

아이들의 경우는 비용보다 오히려 시기를 더 고려해야 한다. 성인이 돼서 골프를 배우면 아무래도 자세가 조금 부자연스럽다. 그리고 그에 따른 레슨비, 고

가의 장비 구입 등 여러 가지 비용도 수반된다. 초등학교 시절에 골프를 접하면 어린아이 특유의 흡수력 때문인지 프로와 같은 멋진 자세를 가질 수 있다. 무엇보다도 중고등학생 때는 영어, 수학, 과학 등 학업에 집중하게 되어 선수로 키울 것이 아닌 이상 그 시기에 운동을 따로 시킨다는 것이 사실상 불가능하기 때문이다.

10년 뒤 아이들이 대학에 들어가면, 더 늦기 전에 직장을 잠시 쉬고 외국에서 1년 정도 살고 싶다. 아이들 어학연수도 시키고, 현지의 관광지를 돌아다니면서 저렴한 비용으로 골프 투어를 하고 싶다. 나는 그날을 위해 오늘도 열심히 일하고 있다.

바닷가 주변의 멋있는 골프장

간단히 보는
골프의 역사

골프는 어떻게 시작되었을까?

골프(Golf)는 골프클럽(Golf Club)을 휘둘러서 골프공(Golf Ball)을 쳐, 그린 (Green) 위의 홀(Hall)에 넣는 게임으로, 18홀로 이루어진 코스(Course)에서 골프공을 친 횟수가 적은 순서대로 순위가 정해진다.

골프가 언제, 어디서 시작되었는지 정확히 알 수는 없으나 로마 병사들의 놀이, 네덜란드 아이들의 실내놀이, 중국의 왕실놀이 등 여러 나라에 골프의 기원이 될 만한 근거자료들이 있다고 한다. 그러나 현대 골프의 기초가 된 나라는 영국이 아닐까 싶다.

골프를 연구하는 대다수의 학자들이 골프(Golf)는 스코틀랜드 고어의 '치다 (Goulf)'라는 어원에서 유래했다고 주장한다. 13세기 스코틀랜드 양치기 목동들이 심심할 때 막대기로 돌멩이를 쳐서 토끼굴에 넣는 게임이 점차 발전하여 현재의 골프게임이 되었다는 것이다.

골프의 진화

최초의 골프 코스는 영국 런던의 로열 블랙히스 골프 클럽(Royal Blackheath Golf Club)이다. 이 골프장은 1608년에 만들어졌다고 한다. 그리고 운영을 위한 게임규칙을 통합하여 1754년, 세인트 앤드루 골프협회(The St. Andrews Society of Golfers)를 만들었다.

영국 최초의 메이저 대회(British Open)는 1860년에 프레스트위크 골프 클럽(Prestwick Golf Club)에서 개최되었다. 그리고 톰 모리스(Tom Morris), J. H. 테일러(J. H. Taylor), 해리 바든(Harry Vardon), 제임스 브레이드(James Braid) 등 많은 스타를 배출했다. 초창기의 대회는 지금의 18홀을 4라운드하는 것과는 많이 달랐다. 1라운드가 6홀, 7홀, 15홀 등으로 대회마다 다르게 운영되다가 1891년부터 18홀을 기준으로 통합되었다.

영국의 귀족 스포츠에서 대중으로 가까이 오게 된 데는 미국에서의 골프 발전이 큰 역할을 했다고 할 것이다. 엄청난 비즈니스 자금력와 두터운 선수층 때문일까? 1900년 전후부터 미국에서 골프의 인기는 점차 상승하여 1950년대 이후에는 바비 존스(Bobby Jones), 벤 호건(Ben Hogan), 게리 플레이어(Gary Player), 아놀드 파머(Arnold Palmer), 잭 니클라우스(Jack Nicklaus), 그리고 2000년대에는 우리가 너무나 잘 아는 타이거 우즈(Tiger Woods), 조던 스피스(Jordan Spieth), 리키 파울러(Rickie Fowler), 부바 왓슨(Bubba Watson) 등의 유명한 선수들이 등장했다.

한국의 세계적인 골프 선수

골프의 시작과 스타의 배출을 영국과 미국이 주도했다면, 국내 골프의 대중적 확산에 공헌한 이는 우리 대한민국의 박세리 선수가 아닐까 싶다. 1998년 우리나라가 IMF의 경제적인 실의에 빠져 있을 때, 워터 해저드에 들어가 공을 살려내던 박세리 선수의 모습. 맨발의 투혼으로 일궈낸 US 여자 오픈 우승은 전 국민에게 용기와 희망을 선물해준 최고의 명장면이었다.

우리나라에 골프가 도입된 것은 1900년 경성 근처에 영국인들이 6홀 규모의 코스를 만든 것이 그 시작이었다고 한다. 1937년에는 조선골프연맹이 설립되었다. 그렇지만 사실상 실질적인 한국 골프의 역사는 한국전쟁 이후부터로 보는 것이 맞을 것이다. 1954년 한국골프선수권대회, 1959년 한국골프협회가 설립되었다. 1970년대에 약 20개에 불과했던 골프장은 현재 500개 가까이로 늘어났다.

한국골프장경영협회의 최근 발표(2016년 기준)에 따르면, 우리나라에서 운영 중인 골프장은 483개이다. 그 중 1/3 정도인 150개가 경기도에 위치해 있고 강원(59), 경북(46), 제주(40), 전남(38) 등이 그 뒤를 잇는다.

구분		서울	부산	대구	인천	대전	광주	울산	세종	경기	강원	충북	충남	전북	전남	경북	경남	제주
합계	483	–	8	2	8	3	4	4	2	150	59	37	21	26	38	46	35	40
회원	218		6	1	2	1	1	2	1	80	24	17	8	6	11	17	19	22
대중	265		2	1	6	2	3	2	1	70	35	20	13	20	27	29	16	18

우리나라 골프장 현황(2016)

이렇게 짧은 골프 역사에도 불구하고 한국 선수들은 세계 골프 무대를 호령하고 있다. 여자 선수로는 LPGA 명예전당에 이름을 올린 박세리 선수를 시작으로 김미현, 신지애, 최나연, 박인비, 전인지, 박성현 등이 있고, 남자 선수로는 최경주, 양용은, 김경태, 배상문, 안병훈, 왕정훈 선수 등이 세계무대에서 활약하고 있다.

국내무대에서는 KPGA의 박상현, 최진호, 이상희, 이상엽, 김대섭 등이 상금 랭킹 상위권에 있으며 KLPGA에서는 박성현, 고진영, 장수연, 조정민, 김민선 등이 최고의 플레이를 보여주고 있다.

사랑스런 지용아!
아빠랑 골프 치러 갈래?

02 나는 연습장에 갈 때 가끔 아들 지용이를 데리고 갔다. 골프에 관심을 갖게 하고 싶기도 했고, 아빠의 멋진 스윙 모습을 보여주고도 싶었다. 그리고 지용이도 집에 있는 것보다는 아빠 따라 밖에 나와 음료수도 마시고 핸드폰 오락도 할 수 있는 그 시간을 좋아하는 듯했다.

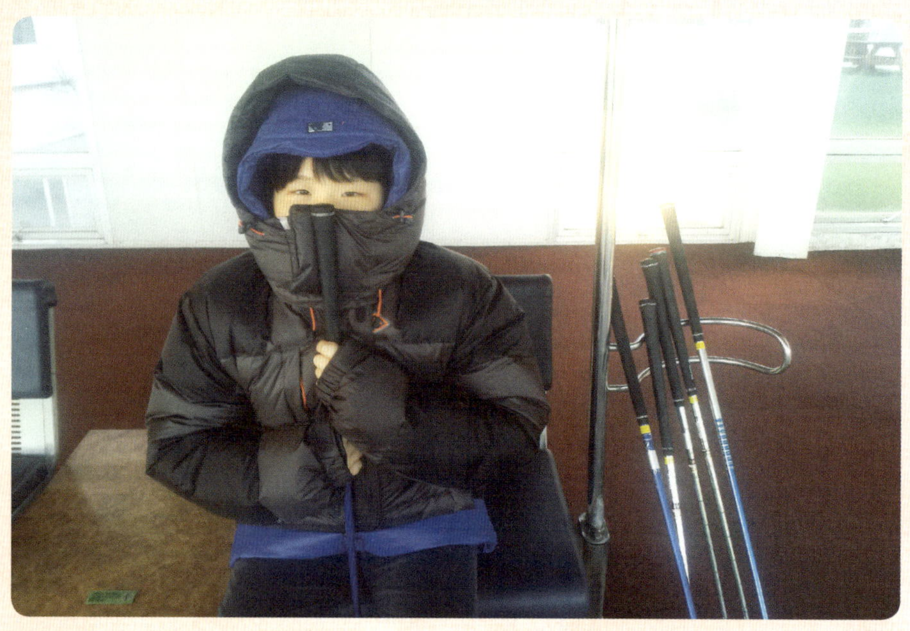

한겨울에 아빠 따라서 연습장 구경 온 지용이(초2 때 모습)

사실 나는, 아니 우리 집안은 운동을 잘하는 편이 아니다. 모든 구기종목을 비롯한 스포츠에 별로 관심이 없다. 오죽하면 한일전 축구경기도 애국심에 한번 보는 정도이다. 어려서부터 달리기도 잘 못 했고, 축구나 야구는 공이 무서워서 제대로 한 적이 없다. 당구는 안전한 게임(?)이라 대학 때 열심히 한다고 했는데, 투입된 자금에 비해 그다지 스코어는 높지 않았다.

골프는 나를 위한 맞춤 운동

그러다 보니 성인이 되어 결혼을 하고 직장생활을 하게 된 후로도 특별한 취미활동 없이 직장과 집만 오고 가는 평범한 생활을 하고 있었다. 그러던 중 우연찮게 몇 년 전 골프를 알게 되었는데, 혼자서 연습을 할 수 있고 게임도 남들과 부딪치며 하는 것이 아니라 내 맘에 쏙 드는 운동이었다.

다른 운동은 보통 짝을 이루어야 할 수 있다. 야구, 농구, 축구, 족구, 배드민턴 등은 상대방이 있어야 연습도 가능하다. 그렇다고 등산이나 달리기, 헬스와 같이 완전히 혼자 하는 운동도 아니다. 골프의 경우 연습은 혼자 할 수 있으나 실전은 2~3명의 동반자가 있어야 가능한 단체운동이다. 내가 생각하기에 골프는 둘의 장점을 합쳐놓은 나를 위한 맞춤 운동인 것 같았다.

자연스럽게 골프를 받아들이는 지용이

내가 골프에 관심을 갖게 되다 보니 아이들도 자연스럽게 골프를 낯설지 않게 대하게 되었다. 내가 퍼팅 연습을 하고 있으면 지용이, 지윤이가 해보고 싶다고 난리였다. 지윤이는 너무 어려서 퍼터를 무거워해 제대로 된 스윙을 가르칠 수는 없었지만, 퍼팅 흉내를 내는 것이 너무나 귀여웠다.

주말이 되면 나는 그물망 연습장에 가곤 했다. 주중에는 사무실 일로 인해 연습을 할 수 없으니 주말에라도 열심히 연습장을 찾으려 했다. 가끔은 심심해서 지용이를 데리고 가기도 했다. 똑딱이 수준의 초간단 스윙 연습을 시키고, 실제로 스윙을 시켜보기도 했다. 아직은 골프클럽이 무거워서인지 엉성한 스윙 폼이 그저 우스꽝스러웠다. 하지만 그렇게 지용이는 자연스럽게 골프를 받아들이고 있었다.

아빠 흉내 내기(초3 때 모습)

살짜쿵 엿보는 골프대회

골프대회는 이름에서 그 성격을 짐작할 수 있다. 클래식(Classic)은 프로골퍼만 출전하고 오픈(Open)은 모든 골퍼에게 출전기회를 주는 대회이다. 인비테이셔널(Invitational)은 프로와 아마추어가 초청되어 출전하고, 챔피언십(Championship)은 골프 챔피언을 가린다는 의미의 대회이다.

한국 프로 골프대회

KPGA 투어 2016 시즌 총상금은 12개 대회에서 82억에 이른다. KPGA 투어 2015년 상금순위는 이경훈(3.1억), 최진호(3억), 이수민(2.7억), 문경준(2.6억), 이태희(2.4억) 순이다. 남자에 비해 여자 프로골프는 상금규모나 참가선수 층이 훨씬 크다. KLPGA 투어 2016 시즌 총상금은 33개 대회에서 212억으로, 대회 평균 6억4000만 원에 이른다. 약 200여 명의 선수들이 멋진 경쟁 중이다.

　　KLPGA 정규투어 상금 배분표를 보면, 총상금 12억 미만인 경우와 이상인 경우로 구분하고 있다. 대부분의 대회가 12억 미만인 경우를 감안하면 우승상금은 총 대회규모의 20%, 준우승은 11.5%, 3위는 8%, 4위는 5% 등으로 배분되고 50위를 해도 0.6% 정도의 상금을 받을 수 있다.

총상금 12억 미만(60명 기준)			총상금 12억 이상(60명 기준)		
순위	요율(%)	(예, 총상금 5억) 상금(원)	순위	요율(%)	(예, 총상금 12억) 상금(원)
1	20.0	100,000,000	1	25.0	300,000,000
2	11.5	57,500,000	2	9.6	115,200,000
3	8.0	40,000,000	3	6.7	80,400,000
4	5.0	25,000,000	4	4.5	54,000,000
5	4.0	20,000,000	5	3.5	42,000,000
...	...		...	...	
50	0.6	3,000,000	50	0.6	7,200,000
60	0.5	2,500,000	60	0.5	6,000,000

KLPGA 정규투어 상금 배분표

미국 골프대회

　　미국프로골프(PGA, Professional Golfer's Association) 투어의 2016~2017 시즌 스케줄을 살펴보면, 10월부터 이듬해 9월까지 총 47개 대회가 열린다. 상금규모는 약 3억2000만 달러(약 4천억)로, PGA투어 대회 평균 총상금이 670만 달러

(약 80억), 메이저 대회는 1000만 달러(120억)에 달한다. 우승상금도 180만 달러(약 22억)이다. 이에 비해 2016년 여자프로골프(LPGA, Ladies Professional Golfer's Association)는 34개 대회에서 총상금 6310만 달러(약 760억) 규모이다. 총상금에서 보듯이 남자 골프가 아직은 더 큰 인기를 누리고 있다.

2015년 골프선수 총수입을 보면, 남자 선수와 여자 선수의 인기 차이를 알 수 있다. 남자 1위 조던 스피스는 5303만 달러(약 640억)의 수입을 올렸고, 여자 1위 리디아 고는 530만 달러(약 64억)로 10분의 1 정도에 그친다.

2016년 6월 넷째주 롤렉스 랭킹이 발표한 세계 여자 랭킹 탑10에 우리나라 태극낭자 5명(박인비 3위, 김세영 5위, 전인지 6위, 양희영 8위, 장하나 10위)이 랭킹되었고, 100위 내에 38명이 들어 있다. 정말 대단하고 자랑스럽다.

참고로, 한 시즌에 4개 메이저 대회를 모두 우승하면 '그랜드 슬램', 시즌에 상관없이 4개 대회를 모두 우승하면 '커리어 그랜드 슬램'이라고 한다.

구 분				
대회명	마스터즈	디오픈 챔피언십 (영국 오픈)	PGA 챔피언십	US 오픈
최초개최	1930년	1860년	1916년	1895년
총상금(달러)	10,000,000	9,300,000	10,500,000	10,000,000
개최장소	미국 조지아 주 Augusta National G.C.	영국 Royal Troon G.C.	미국 뉴저지 주 Baltusrol G.C.	미국 펜실베이니아 주 Oakmont C.C.
개최시기	4.8~4.11	7.15~7.18	7.29~8.1	6.17~6.20

남자 골프 4대 메이저 대회(2016)

구 분					
대회명	ANA Inspiration	RICOH women's British Open	KPMG women's PGA 챔피언십	US 여자 오픈	에비앙 챔피언십
최초개최	1972년	2000년	1955년	1946년	1994년
총상금(달러)	2,600,000	3,000,000	3,500,000	4,500,000	3,250,000
개최장소	미국 캘리포니아 주 Mission Hills C.C.	영국 워번 골프 클럽	미국 워싱턴 주 Sahalee C.C.	미국 캘리포니아 주 Cordevalle G.C.	프랑스 Evian resort G.C.
개최시기	3.31~4.3	7.28~7.31	6.9~6.12	7.7~7.10	9.15~9.18

여자 골프 5대 메이저 대회(2016)

지용이를 골프에
재미 붙이게 하는 TIP!

03 나는 지용이의 골프 입문을 위해 동네의 적당한 실내연습장을 알아보기 시작했다. 주니어 선수 지망생을 위한 좋은 연습장도 있지만 우리 동네에서는 좀 멀리 떨어져 있고, 취미로 시작하는 골프를 구태여 그런 곳까지 가서 레슨을 받을 필요는 없다고 생각했다.

내가 선택한 실내골프연습장은 KLPGA 정회원인 40대의 여자 프로가 가르치는 곳이었다. 타석은 25개 정도 되었고, 지용이가 다니는 오후 4~5시에는 주로 아주머니들만 연습을 하는 아주 평범한 실내연습장이었다.

지용이는 당시 초등학교 4학년이었지만 키가 150cm 정도로 동갑내기 친구들보다 조금 큰 편이었다. 일주일에 4일 레슨을 받았는데, 아줌마 프로라서 그런지 지용이를 자상하게 가르쳐주어서 매우 고마웠다.

어떤 클럽을 선택할까?

3개월째 접어들면서 골프채를 사줘야겠다는 생각이 들었다. 자기 골프클럽이 있어야 더 진지하게 배울 수 있기 때문이다.

처음이고 계속 키가 크고 있기 때문에 어떤 클럽을 선택해야 할지 고민이 되었다. 중고로 사야 하나? 여성용? 남성용? 아니면 어린이용? 나는 결국 여성 클럽을 새것으로 사주기로 했다. 미즈노에서 출시된 저가형 클럽으로, 'Zepher'라는 브랜드였다. 중고 클럽 가격이나 별반 차이가 없었다. 캐디백 포함한 풀세트 가격이 대략 80만 원대였다.

새 골프클럽과 가방

골프보다 건담

드라이버 및 아이언 등 모든 클럽의 샤프트 강도는 'Flex-L'로 살짝 휘청거릴 정도의 약한 강도였다. 클럽의 구성은 드라이버, 4번 우드, 5번 유틸리티, S, P, 9, 8, 7번 아이언, 퍼터가 포함되어 총 9개였다. 아직 초등 4학년의 어린이임을 감안하면 이 정도로 충분할 것이라 생각됐다. 2년 뒤 중학생이 되면 남성용 경량 스틸 클럽으로 바꿔줄 생각이다.

지용이는 자기만의 골프클럽이 생겨서 좋아하긴 했지만, 건담 프라모델을 사줬을 때보다 좋아하지는 않았다. 아직은 장난감을 더 좋아하는 나이인 것 같다. 역시 골프는 아빠의 욕심인가 보다. 골프에 대한 흥미를 잃지 않도록 천천히 조심스레 관심을 끌 이야깃거리를 찾는 것이 필요할 듯싶었다.

아들과 함께할
골프 코스 알아보기!

18홀의 정규 골프 코스는 4개의 par3, par5 홀과 10개의 par4 홀로 구성되어 있으며, 각 홀은 티잉 그라운드, 페어웨이, 벙커, 러프, 그린 등으로 이루어져 있다.

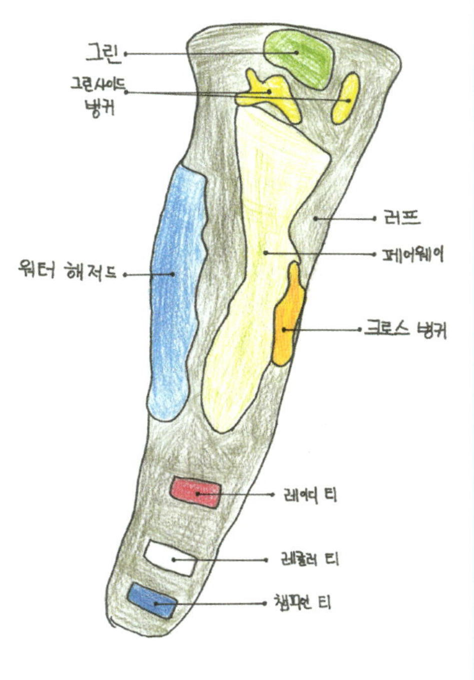

골프 코스의 구성

티잉 그라운드 Teeing Ground

매 홀마다 첫 티샷(Tee Shot)을 하는 장소이다. 티(Tee, 공을 올려놓는 나무 또는 플라스틱)를 꽂고 그 위에 공을 놓고 치는 곳으로, 개인의 핸디에 따라 블루(프로, 싱글), 화이트(일반남성), 실버(60세 이상), 레드(여성, 어린이) 티에서 티샷을 한다.

페어웨이 Fairway

공을 치기 좋게 잔디를 잘 깎아놓은 코스의 중간부분을 말한다. 티샷 또는 세컨샷을 한 공이 페어웨이를 지키는 것이 좋은 스코어를 내는 지름길이다.

페어웨이 양쪽 끝 또는 벙커 주변 등의 긴 풀 지역을 러프라고 한다. 이곳에서는 풀 위에 공이 떠 있는 높이에 따라 클럽페이스의 정확한 컨택(contact)을 할 수 있도록 많은 연습이 필요하다.

그린 **Green**

공이 잘 구를 수 있도록 잔디를 매우 짧게 깎아놓은 곳으로, 홀이 있는 곳이다. 퍼터로 공을 굴려서 홀에 먼저 넣어야 게임에서 승리할 수 있다.

해저드 Hazard

물이 있는 위험지역으로, 붉은색 막대로 표시한다. 보통 워터 해저드(water hazard)를 말한다. 해저드에 공이 빠지게 되면 1벌타를 부여받는다.

벙커 Bunker

페어웨이 중간 또는 그린 주변에 위치한 모래 웅덩이를 말한다. 벙커 내에 있는 모래에 클럽이 닿으면 2벌타가 부여되므로 주의해야 한다. 위치에 따라 사이드 벙커, 크로스 벙커, 그린 사이드 등으로 불린다.

스크린 골프장에서
용돈 벌기

04　　실내연습장에 등록한 지 3개월쯤 된 8월의 어느 날, 지용이와 나는 아파트 단지 내 상가에 위치한 스크린 골프장을 찾았다. 일요일 오전이라서 사람들도 많지 않았다. 편안한 마음으로 지용이 인생의 첫 스크린 골프를 시작했다.

지용이의 스크린 골프 입문을 기념하고자 아이디 발급을 위한 회원가입을 했다. 지용이가 미성년자여서 가입절차가 약간 까다로웠지만, 아들과 함께 골프를 칠 생각에 기쁜 마음으로 가입했다.

우승상금으로 떡볶이 사 먹을 생각만

스크린 골프장에 다른 손님들이 없어서 좋았지만, 실내 골프장의 특성상 깊게 배어 있는 담배냄새로 인해 아이들과 오기엔 그리 쾌적한 곳이 아니라는 생각이 들었다.

골프 입문 3개월이어서 큰 기대를 하지 않았는데, 그래도 생각보다 괜찮은 지용이의 스윙폼에 만족할 수 있었다. 골프 완전초보인 지용이에게 당연히 스코어는 별 의미가 없었다. 그래도 지용이의 동기부여를 위해 상금을 걸고 게임을 했다. 매 홀마다 아빠를 이기면 우승상금으로 1000원, 동타이면 500원, 파하면 1000원, 버디 2000원의 상금을 내걸었더니, 지용이는 상금을 받아서 떡볶이 사 먹을 생각으로 진지하게 게임에 임했다.

첫 홀부터 더블파를 했는데 지용이가 살짝 마음이 상한 것 같았다. 그래서 나는 매 타수마다 박수와 하이파이브를 연발하며 지용이에게 용기를 북돋아주었다. 사실 지용이가 내 기대 이상으로 공을 잘 맞추기도 했다. 처음부터 아빠를 이기기는 불가능한 게임이었다. 하지만 지용이는 계속 이기고 싶어했다.

아직 게임룰을 다 모르고 있는 지용이는 더블파로 게임이 끝나도 왜 끝났는지도 모른 채 "내가 이긴 거 아냐?"라고 묻기도 했다. 계속 룰을 설명해도 잘 이해하지 못하는 듯했다. 그저 떡볶이 사 먹을 500원, 1000원이 생각날 뿐인 것 같았다. 그래서 가끔 드라이버나 우드가 잘 맞으면 타수와 상관없이 정말 잘했다고 칭찬하고 500원씩 상금을 주면서 관심을 이끌었다. 첫날 지용이의 첫 수입은 내 기억으로 3000원이 넘었던 것 같다.

레슨 3개월의 효과는 분명 대단했지만 조금 더 안정된 자세를 위해 두 달 더 연장해서 레슨을 신청했다. 레슨 프로가 남자 선생님으로 바뀌었으나 그분도 친절하게 잘 가르치는 것 같아 마음이 놓였다.

첫 스크린 골프,
파5홀을 열 번째에도 그린에 못 올림

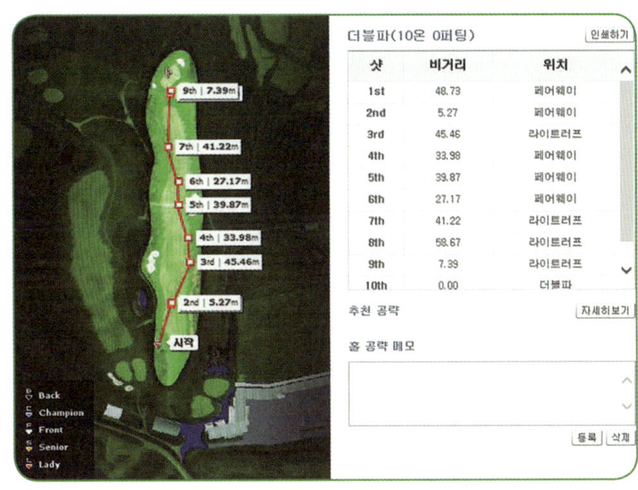

영어, 바둑학원 다니듯 울며 겨자 먹기로

다음 달에 다시 지용이와 함께 스크린 골프장을 찾았다. 골프에 대한 재미를 좀 더 느끼게 하고 싶었다. 아직은 아빠가 시키니까 영어학원, 바둑학원 가듯 울며 겨자 먹기로 다니고 있는 지용이가 귀여웠다.

이날는 예쁜 동생 지윤이가 갤러리로 구경을 왔다. 지난번에 지용이가 처음 와서 떡볶이 값을 얻어 갔기 때문에 동생 지윤이도 덩달아 오고 싶었나 보다. 지윤이도 나중에 5~6학년이 되면 골프를 가르칠 생각이다. 나의 꿈 중 하나가 우리 가족 네 명이 카트를 타고 골프장을 누비는 것이다. 앞으로 4~5년 뒤면 실현 가능하리라 믿고 있다.

골프연습장 사장님께서 어린아이들이 왔다고 음료수와 사탕을 듬뿍 주셔서 즐거운 마음으로 골프게임을 즐기게 되었다. 지용이의 클럽별 거리는 대략 드라이버 100m~120m, 4번 우드 100m, 7번 아이언 80m, 샌드 50m 정도인 듯했다. 아직 공이 똑바로 가지는 않지만, 1년 정도 후에는 주니어 선수처럼 칠 것이라는 기대를 해본다.

스폰지처럼 빨아들이는 지용

나의 골프 실력이 지용이의 자세를 잡아줄 정도는 안 되지만, 보기에 전체적으로 지용이의 스윙폼은 나쁘지 않다. 확실히 어린이라서 배우는 흡수력이 아주 좋은 듯하다. 그래서 주니어 골프니, 조기 유학이니 하는 것 같다. 어쩌면 우리 애들도 조기 바둑, 조기 어학연수, 조기 골프 등 집중적으로 시켰으면 영재 소리를 들을 수 있었을까?

레슨 5개월째. 최종점검차 스크린 라운딩을 갔다. 이번엔 수원에서 제일 규모가 큰 스크린 골프장을 찾았다. 시설규모는 동네보다 월등히 좋았지만, 지용이는 서비스로 나오는 계란과 음료수가 동네 연습장이 더 좋았다며 아쉬워했다. 역시 아이들이 생각하는 좋고 나쁨의 기준은 어른들과 다른가 보다.

나는 지용이의 스윙이나 스코어가 지난번과 크게 다르진 않을 거라 생각했지만, 한편으로는 향상된 자세와 파워를 기대하기도 했다. 그!러!나! 아직은 그 폼에 그 점수였다. 그래도 전체적인 게임내용은 좋아진 것이 보였다. 스코어 계산하는 방법도 조금씩 이해하기 시작했고, 공이 날아가는 방향에 따라 각기 다른 용어인 훅과 슬라이스, 풀샷과 푸시샷의 구분도 화면에 보이는 자신의 날아가는 공의 방향을 보며 배우고 있었다.

이날 지용이의 용기를 북돋아주기 위해, 내 주머니에서 지용이의 떡볶기 값은 더 많이 나갔다.

골프클럽의 구성과 특징

골프클럽은 14개로 이루어져 있다. 보통의 경우 드라이버, 우드(3, 5), 유틸리티(5), 아이언(4, 5, 6, 7, 8, 9), 어프로치(P, A, S), 그리고 퍼터로 구성된다. 골프백에는 14개가 넘는 클럽이 있으면 규정위반이므로 반드시 최대 14개 이하 클럽을 구성한다.

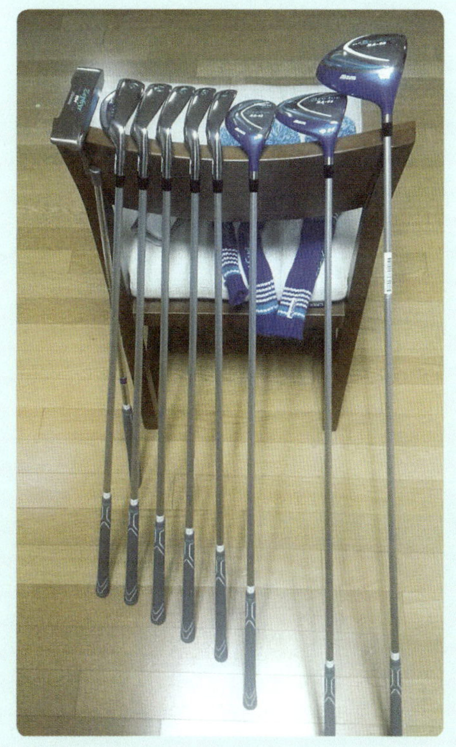

클럽의 구성

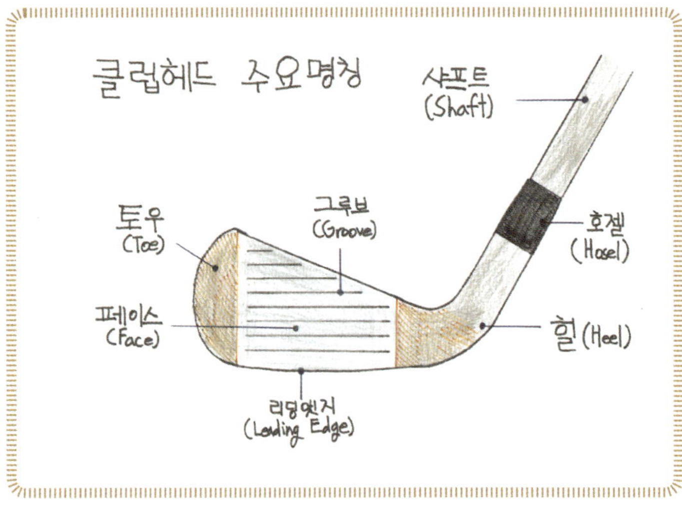

클럽헤드 명칭

드라이버 Driver

가장 멀리 공을 보낼 수 있는 클럽으로 3~5cm 높이의 티를 꽂고 스윙을 한다. 일반적인 헤드의 용량은 460cc이고 스윙 스피드에 따라 샤프트(shaft)의 강도(stiff, regular, flexible)를 달리하여 사용한다.

우드 Wood

드라이버를 제외하고 공을 가장 멀리 보낼 수 있는 클럽으로, 로프트에 따라 비거리에 차이가 있다.

Wood	이 름	거리		로프트	지용의 경우	
		일반남성	일반여성		로프트	거리
1번 우드(1W)	드라이버(Driver)	220m	150m	8~12°	13.5°	150m
2번 우드(2W)	브러시(Brassie)	200m	140m	13°		
3번 우드 (3W)	스푼(Spoon)	190m	130m	14~16°		
4번 우드 (4W)	버피(Baffy)	180m	120m	17~20°	21°	130m
5번 우드 (5W)	클리크(Cleek)	170m	110m	21~23°	25°	110m

아이언 Iron

정확한 방향과 거리를 보내기 위한 클럽으로 일반적으로 6개(4번~9번)로 구성하며 온 그린(On Green)을 목적으로 사용한다.

Iron	이름	거리		로프트	지용의 경우	
		일반남성	일반여성		로프트	거리
1번	드라이빙 아이언(Driving Iron)	190m		12~15°		
2번	미드 아이언 (Mid Iron)	180m		16~18°		
3번	미드 매시(Mid Mashy)	170m	130m	19~21°		
4번	매시 아이언(Mashy Iron)	160m	120m	22~24°		
5번	매시(Mashy)	150m	110m	23~27°		
6번	스페이드 매시(Spade Mashy)	140m	100m	27~31°		
7번	매시 니블릭(Mashy Niblick)	130m	90m	30~34°	32°	100m
8번	피처(Pitcher)	120m	80m	35~39°	36°	90m
9번	니블릭(Niblick)	110m	70m	40~44°	41°	80m

웨지 Wedge

보통 100m 이하의 짧은 거리가 남았을 때, 홀컵(pin)에 가까이 붙이기 위해 사용한다. 아이언 풀세트 구입 시 P, P/S, G, A, S 등으로 표시된 클럽이고, 전문 웨지로 구입하는 경우 46°, 52°, 58° 등의 숫자가 표시되어 있다.

wedge	이름	거리		로프트	지용의 경우	
		일반남성	일반여성		로프트	거리
P/W	피칭 웨지(Pitching Wedge)	100m	60m	44~48°	46°	70m
A/W	어프로치 웨지(Approach wedge)	90m	50m	52~54°	52°	60m
S/W	샌드 웨지(Sand Wedge)	80m	40m	56~58°	56°	50m
L/W	로브 웨지(Lob Wedge)	60m	30m	60~62°		

퍼터 Putter

골프에서 모든 클럽이 다 중요하겠지만, 퍼터처럼 중요한 것은 없다. 어떤 아마추어가 90타를 친다면 그 중 50타는 퍼터로 친 것일 것이다. 타수의 거의 절반을 퍼터로 쳤다고 해도 과언이 아닐 듯하다.

퍼터는 헤드의 생김새와 샤프트&헤드의 연결 형태에 따라 종류를 구분한다. 직선형 모양 헤드를 블레이드형, 반달 모양의 둥근 헤드를 말렛형이라고 한다. 샤프트와 헤드의 연결 형태에 따라 슬랜트넥형, 크랭크넥형, 더블밴드형, 센터 샤프트형이 있다.

실내연습장을 나와
필드 전 경험한 그물망 연습장~

05

실내연습장에서는 임팩트 순간의 느낌과 앞에 설치돼 있는 천에 맞는 소리로 잘 맞았는지 잘 못 맞았는지를 짐작할 수 있다. 하지만 공이 어떻게 출발해서 어느 방향으로 날아가는지는 눈으로 확인할 수 없다. 그래서 많은 사람들이 초보 단계를 지나면서 내 공의 날아가는 모습을 확인할 수 있는 그물망(인도어) 연습장을 찾는다.

그동안 쌓은 내공의 수준을 확인하고자 지용이를 데리고 그물망에 가기로 했다. 지금까지는 아빠를 따라와서 구경만 했었지만 오늘은 연습하러 가는 첫날이다.

우리 동네에서 가장 가까운 그물망 연습장은 바닥 길이가 140m이고, 3층 건물에 층마다 30개의 타석이 있으며, 파3 연습장 12홀이 갖춰져 있는 제법 큰 규모이다. 그런데 도시의 바로 외곽에 있어서인지 파3의 면적이 그리 넓지 않아 약간 위험한 면이 있다. 그래도 연습장 타석은 공간이 넓어 좋은 편이다.

스크린 골프장도 좋지만 2단계 연습을 위해서는 그물망을 반드시 가서 내 공이 어디로 휘어지는지, 얼마만큼 날아가는지를 내 눈으로 직접 확인하고 무언가 느끼는 것이 필요하다. 어쩌면 지용이는 자신의 실력에 많은 실망을 할 수도 있겠지만……. 아니면 반대로 더 재미있어할 수도 있다.

떨어질까 봐 무서워 주춤주춤

지용이와 같이 그물망 연습장에 갈 시간은 항상 인기 있는 주말밖에 없다. 1시간 정도 기다려야 1, 2층의 중간 정도 자리에서 연습을 할 수 있는데 그것이 여의치만은 않았다. 지용이와 함께 연습하기 위해 옆에 붙어 있는 두 자리를 찾다 보면 꼭 2층이나 3층의 양쪽 끝 자리가 되곤 했다. 그러다 보니 공이 날아가는 것을 보기는커녕 그물에 걸려버려서 공의 궤적을 제대로 볼 수 없었다. 또 약간 안쪽으로 꺾여져 있는 상태에서 층수가 높다 보니, 지용이는 공 치는 것에 집중하지 못하고 떨어질까 봐 무서워서 주춤주춤했다.

그래도 아빠가 보고 있으니 마지못해 클럽을 휘두르는 모습이었다. 그래서 새로운 룰을 만들었다. 공 20개 치고, 10분 핸드폰 오락을 허락해준 것이다. 대신 연습 스윙 두 번 하고 공 한 번 치는 식으로 연습을 시켰다. 그러면 대략 60번의 스윙 후 잠시 쉬는 것이니까 아빠에게도 만족스러운 연습량이 되었다.

어색한 자세로 그물망에서 연습 중

지용이의 공은 똑바로 나가는 것이 없었다. 항상 옆의 그물에 걸리든지, 아니면 그 반대방향으로 한없이 휘어지며 앞으로 꼬꾸라졌다. 더 재밌는 것은 헛스윙도 여러 번 했다는 것이다. 나도 처음 배울 때는 이랬을 것이다. 물론 아직도 나는 보기 플레이어라고 자신있게 말할 수 없는 실력이어서 다른 사람들의 스윙을 보고 웃을 위치는 절대 아니다. 남들도 나의 스윙을 보면 웃을 테니까.

나는 지용이와 같이 매주 연습장에 같이 가고 싶었지만, 시간이 그렇게 허락되지는 않았다. 수개월 동안 겨우 세 번 그물망에 같이 간 것이 전부였다. 자리도 한 자리에서만 우리 둘이 번갈아가며 연습을 했다. 어쩌다 두 자리에서 한 사람씩 연습을 할 때도 있었지만, 바로 옆자리가 나는 경우가 거의 없었기 때문에 언제나 그랬듯이 양쪽 끝 자리에서 그저그런 연습을 하고 집에 돌아오곤 했다.

안에서 새는 바가지는 밖에서도 새기 마련

몇 달간의 연습장 수련 끝에 실전감각을 더 익히고자 동네의 파3 골프연습장에 가보기로 했다. 12홀로 구성된 곳인데 규모는 크지 않았다. 제일 긴 코스가 140m 정도였고, 지그재그로 이루어진 홀의 순서가 살짝 위험해 보이기도 했다. 그러나 지용이의 골프 수업에는 제격이라 생각되었다.

안에서 새는 바가지는 밖에서도 새기 마련이다. 연습장에서도 좌우측을 번갈아가며 치는데 실제 코스라고 달라질 것이 없었다. 지용이의 공은 주로 심한 푸시나 슬라이스였다. 100m 정도의 거리를 여섯 번 만에 그린에 올리고 좋아서 깡충깡충 뛰었다.

나는 지용이의 공이 옆 홀로 날아갈까 봐 노심초사하며 지용이의 스윙을 지커보았다. 다행히 안전사고는 없었지만 작은 규모의 파3 골프장은 위험할 수 있겠구나라는 생각이 들었다.

파3 연습장보단 스크린 연습장이 낫다

완전 초보인 지용이에게 용기를 심어주기 위해 간 이 골프연습장에서 뜻밖의 문제가 생겼다. 2홀이 지날 무렵, 어떤 아저씨가 계속해서 우리 두 부자를 지켜보고 있다가 우리가 그린 주변으로 오자 다가와 말했다.

"애를 교육시키러 왔으면 주의사항부터 알려주고, 한두 번 치는 법 알려주었으면 공 들고 그린에 와서 퍼팅 연습하고 다음 홀로 가면 되지 계속해서 잔디 파헤치며 오십니까? 이 잔디 보수하는 데 보통 손이 많이 가는 게 아닌데……."

순간 이곳 사장님이라는 것을 직감했다. 그런데 우리는 잘못한 게 없지 않은가. 물론 그분은 관리자의 입장에서 어린애가 장난치는 것처럼 땅을 파면서 가니까 마음은 아팠겠지만, 초보자인 지용이는 일부러 그러는 것도 아닌데……. 나름대로 아빠의 눈치를 보면서 잘 쳐보려고 하다가 공의 뒤땅을 찍은 것이다. 더구나 골프장 사용료를 내고 연습을 하는 건데……. 즐겁게 좋은 경험을 시켜주러 온 지용이 앞에서 싸울 수도 없고 해서 약간의 감정 섞인 대화를 나누고 그냥 지나쳤다.

나는 굉장히 속이 상했다. '애가 아니고 어른이 땅을 파고 갔어도 그렇게 했을까?', '다른 연습장도 이럴까?', '아빠랑 같이 왔는데도 보호해주지 못했구나.'라는 생각에 하루 종일 지용이에게 미안하고, 그 생각이 머릿속을 떠나지 않고 맴돌았다. 물론 그 후로는 그 파3 연습장에는 가지 않는다. 이제는 갈 이유도 없다.

스크린 연습장이나 저렴한 9홀 골프장에 가면 크게 부담없이 즐길 수 있기 때문이다.

처음 밟아본 잔디에서
배운 대로 피니시

연습장도 필드처럼

그래도 오늘 지용이는 난생 처음 진짜 잔디 위에서 공을 쳐본 것이다. 매트가 깔려 있는 연습장과는 다르다는 것도 느꼈을 것이다.

하지만 다른 면에서 보면 연습장과 다를 이유도 없다. 연습장에서 뒤땅, 탑볼 없이 공을 잘 맞출 줄 알면 실제 그린에서도 잘 칠 수 있다. 다양한 경사에서의 트러블 샷이나 어프로치 샷도 몇 번의 실전경험 후에 연습장에서 충분한 연습으로 극복할 수 있다.

나는 지용이에게 오늘 파3 연습장 경험을 통해 실내연습장에서 좀 더 정확히 공을 맞추는 연습을 해야 한다고 얘기해주었다. 연습장과 실제 필드는 똑같다고 알려주었다. '안에서 새는 바가지는 밖에서도 샌다는 사실'을 명심하도록!

골프에서는 클럽 샤프트와
공 선택도 중요하다

　　대부분의 초보 골퍼는 클럽헤드의 모양과 메이커를 보고 골프채를 구입한다. 하지만 조금씩 실력이 늘어가면서 샤프트의 중요성을 알게 된다. 안정된 스윙 궤도와 자세를 가지고 있다 하더라도 자신의 스윙 스피드, 파워 등에 맞지 않은 샤프트를 사용할 경우 그 휘어짐의 정도에 따라 뒤땅, 탑볼, 슬라이스 등 다양한 샷이 연출될 수 있다.

　　골프를 잘 치기 위해서는 지속적인 연습과 실전경험과 더불어, 내적 요인(자세: 올바른 그립, 스윙궤도, 스피드)과 외적 요인(장비: 클럽헤드, 샤프트, 공)이 적절한 조화를 이뤄야 한다.

샤프트의 강도는 Extra Stiff(X), Stiff(S), Regular(R), Senior(A, Amateur), Ladies(L)의 5단계로 나뉜다. 가장 쉬운 대략의 구분법은 나의 드라이버 거리가 230~240m 정도이면 Stiff(S), 210~220m이면 Regular(R), 200m 정도이면 Senior(A), 190m 이하이면 Ladies(L)를 선택하면 된다. Extra Stiff(X)는 보통의 아마추어들은 사용하지 않는다.

본인의 스윙 스피드에 비해 샤프트가 약하면 다운스윙 시 샤프트가 과도하게 휘어져 임팩트 순간 클럽헤드가 열려 맞는 슬라이스 또는 닫혀 맞는 훅의 원인이 된다. 그러다 보니 힘을 빼고 부드러운 스윙을 한다고 약한 스윙으로 클럽을 휘둘러, 휘어짐을 최소화하여 공을 치는 경우가 많이 있다. 본인의 스윙을 충분히 하지 않는 습관이 들면 올바른 스윙을 하기 어려워진다.

그리고 샤프트의 비틀리는 정도를 토크(Torque)로도 표현한다. 같은 강도를 사용하더라도 토크에 따라 더 강하게 또는 더 약하게 느껴질 수 있다.

임팩트 순간의
샤프트 모습

눈 깜짝할 사이
공이 없어졌네!

공 Ball

골프는 골프공을 멀리, 정확히 쳐서 원하는 곳으로 보내는 게임이다. 공이 멀리 날아가기 위해서 물리학의 원리가 적용된다. 골프공의 규격은 42.67mm보다 크고, 45.93g보다 가벼워야 한다.

골프공의 재료는 반발계수가 0.5~1.0의 범위이다. 반발계수를 높이기 위해 2겹, 3겹, 4겹의 서로 다른 재질로 만들기도 한다. 높은 반발계수를 가진 공은 클럽헤드의 충격에 의해 더 멀리 날아갈 수 있기 때문이다. 그런데 무한정 반발계수를 높일 수는 없다. 미국골프협회(USGA)에서 골프공의 속도를 270km/h 이하로 규정하고 있다.

2중 구조 공의 회전이 적고 비거리가 길다(초보자)

3중 구조 정확도가 높고 공의 컨트롤이 좋다(상급자)

4중 구조 긴 비거리와 컨트롤이 좋다(초보자~상급자)

그리고 공의 표면의 파여져 있는 딤플(Dimple)은 공기의 저항을 감소시키는 역할을 한다. 공에는 대략 400개 전후로 딤플이 있는데, 딤플의 홈에 갇힌 공기 덕분에 공 표면의 공기와의 마찰이 적어져 전체적인 저항이 감소하고, 공의 뒤쪽에 공기의 소용돌이가 작게 만들어져 공이 더 멀리 나갈 수 있게 된다.

또한 클럽페이스의 로프트에 의해 공은 역회전하며 날아가는데, 이런 역학적 현상은 공이 하늘에 머무르는 체공시간을 더 길게 하여 더 멀리 날아가게 하는 효과를 얻는다.

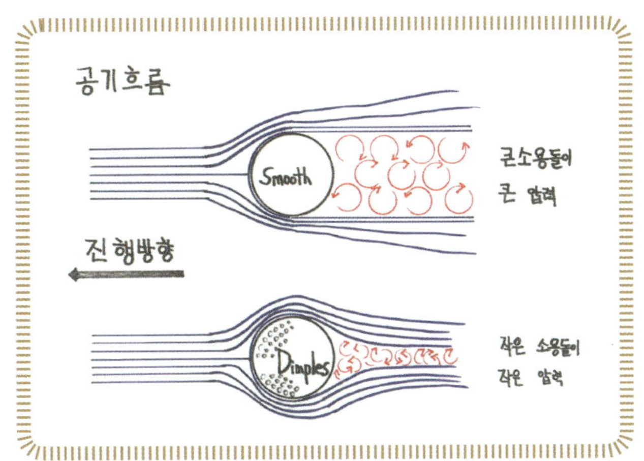

딤플에 의한 공기흐름의 변화

드디어
아들과 함께 나온
첫 필드!

2

050~099

시작은
9홀부터

01

　나는 지용이의 첫 필드 경험을 시켜주기 위해 2월의 어느 주말, 필드에 나가기로 했다. 약간 선선한 날씨이지만 봄을 기다리려면 너무 오래 참아야 할 것 같았기 때문이다.

　지용이는 5개월 레슨과 스크린 세 번, 인도어 연습장 세 번의 경험, 그리고 파3 연습장 한 번의 경험으로 이제 첫 실전 골프에 입문하게 되었다. 어쩌면 당사자인 지용이보다 내가 더 긴장한 날일지도 모른다. 지용이가 오늘 골프의 재미를 확실히 느껴준다면 좋겠지만, 오히려 실망을 갖게 된다면 앞으로의 골프에 대한 기대감은 사라져버릴 것이기 때문이다.

　지용이의 첫 골프장은 동네에서 차로 30분 거리에 위치한 저렴한 골프장으로 택했다. 이 동네에서 유일하게 눈이 오지만 않으면 항상 문을 연다고 하는 곳이었다.

　나는 간단히 주의사항을 알려주고 함께 골프를 시작했다. 초등학생인 지용이는 레드 티에서 쳐야 하지만, 시간이 없으므로 화이트 티에서 나와 같이 치기로 했다. 대신 지용이에겐 여러 번 칠 수 있는 기회를 주었다.

골프장에서의 생애 첫 티샷

첫 홀 세컨샷 뒤땅,
공보다 멀리 간 잔디

첫 홀부터 왼쪽으로 휘어진 오르막 도그렉(Dog leg) 코스였다. 지용이의 첫 번째 티샷은 완전한 오른쪽 슬라이스, 그리고 다시 친 두 번째 티샷은 완전히 왼쪽 악성 훅이었다. 좌탕우탕으로 골프장 첫 경험을 시작한 셈이다.

세컨 우드샷도 뒤땅을 심하게 치면서 공보다 잔디가 더 멀리 날아갔다. 약간 오르막 경사에 러프 지역이라 어색했겠지만, 처음으로 맛본 골프장의 잔디가 생각보다 어렵다고 지용이는 생각했을 것이다. 그린 앞 어프로치도 뒤땅, 탑볼의 연속이었다. 대략적인 골프 룰과 지면상태에 따른 상황별 스윙 자세를 가르쳐주며 한 홀 한 홀 게임을 진행했다.

두 번째 홀에서의 드라이버 티샷은 멋지게 성공했다. 150m는 날아간 듯했다. 지용이는 펄쩍펄쩍 뛰면서 기뻐했다. 공이 똑바로 하늘 높이 날아가는 모습을 보면서 본인 스스로가 자랑스러웠을 것이다. 흥분을 가라앉히고 세컨샷도 안정된 스탠스를 취하면서 우드샷을 했다.

지용이의 첫 스코어

초보인 지용이와 나의 차이는, 지용이는 배운 대로 스윙을 하고 욕심이 없다는 것이다. 제자리에서의 어깨턴이 너무 부러웠다. 나는 흔히 말하는 헤드업이 되고 약간 스웨이도 되기 때문에 타점이 일관성이 떨어지는데, 지용이는 헤드업과 스웨이 없이 전체적으로 제자리에서 코일링이 이루어져 공을 치는 모습이었다.

파4 홀, 드라이버 티샷

물론 실전경험이 절대적으로 부족한 지용이는 약간의 미묘한 차이로 인해 뒤땅이나 탑볼을 치고 있지만, 앞으로 몇 번의 경험을 더 갖게 되면 드라이버, 우드, 아이언을 아빠보다 더 잘 치게 될 것이다.

처음으로 받아 본 지용이의 스코어는 9홀 게임에 52타였다. 수많은 멀리건과 연습공을 제외한 아빠의 정성(?)이 들어간 스코어 카드이다. 두 번째 홀과 세 번째 홀에서는 파를 기록했다. 드라이버, 우드가 정확했기 때문에 2온에 그린에 올렸고, 1퍼팅에 후한 컨시드를 받아 파에 성공했다.

지용이는 점점 골프의 즐거움을 알아가고 있는 것 같았다. 파3 홀에서는 유독 자신감을 보이며 샷을 했는데, 너무 잘 치려고 했는지 한 번은 뒤땅, 두 번째 는 해저드에 빠지는 아픔을 겪어야 했다. 나중에는 별 의미 없는 한 장의 종이겠지만 '처음'이라는 것에 의미를 두고 소중하게 간직하기로 했다.

GOLD	74.4/138	435	413	388	561	200	430	220	342	540	3529	200	415	368	38
BLUE	70.4/132	390	357	339	511	174	385	195	338	499	3188	170	372	319	36
WHITE	68.1/123	363	329	323	495	157	362	125	290	471	2915	125	364	307	31
GREEN	M 66.5/113 L 71.5/122	342	314	317	400	150	340	115	270	460	2708	111	350	291	29
PAR		4	4	4	5	3	4	3	4	5	36	3	4	4	4
HANDICAP		1	9	3	7	17	11	15	13	5		16	4	10	14
+11	DJ (dw)	2	0	0	0	1	1	1	3	3	47				
+16	JY (sh)	2	0	0	1	1	2	3	3	3	52				

첫 9홀 코스의 스코어

아들과 함께한 첫 라운딩!

다음부터는 지용이에게 유리한 조건을 만들어서 흥미를 더 끌어봐야겠다는 생각이 들었다. 우선은 지용이가 좋아하는 과자를 싸가지고 와야겠고, 홀마다 상금을 내걸고 게임을 진행해야겠다.

아빠로서 또 하나 기대하는 것은, 시력이 0.6~0.7 정도로 떨어져 이제 안경을 써야 하는 지용이가 푸른 골프장에서 저 멀리 날아가는 공을 보며 눈의 피로를 풀고 시력에 좀 더 좋은 영향을 주었으면 하는 것이다.

다행히 지용이도 골프장 오는 것을 싫어하지 않는 눈치였다. 사실 이렇게 아빠가 데리고 다니며 골프 연습을 시켜주는 것이 얼마나 큰 행복인지 지용이는 알지 못한다. 그보다는 자기가 아빠를 위해 함께 공을 쳐준다고 생각하는 것 같았다.

첫 신고식을 마치고 하늘을 보니 구름 사이로 비치는 석양이 너무나도 멋있었다. 어떻게 저런 하늘이 있을까 싶을 정도로 웅장하고 아름다운 모습이 그야말로 장관이었다.

"하늘도 축하해주는 지용이의 첫 라운딩을 아빠도 축하해!"

라운딩 끝난 후의 멋진 하늘 모습

골프장에 갈
준비를 해볼까?

지겨운 똑딱이 연습을 거쳐 풀스윙을 연습한 지 한두 달이 지나면 필드에 대한 막연한 도전을 꿈꾸게 된다. 동반자들의 배려 속에 스크린에서 100타를 오고 가며 자신감을 갖게 되었다면, 이제는 실제 골프장에 도전해보자.

누구랑 같이 갈까?

골프장에 처음 가는 것을 "머리 올린다"라고 한다. 이것은 아마도 첫 경험의 설렘과 함께 누군가의 도움이 있어야 어색하지 않은 하루를 보낼 수 있기 때문에 나온 말일 것이다. 인생에 있어서 추억거리가 될 이벤트를 누구와 함께할 것인지 선택하는 것은 골프에서도 중요한 일이다.

평상시에 같이 연습을 하던 동료나 스크린 골프 친구 등 편한 사람들과 함께

가는 것이 가장 좋다. 그러나 완전 초보인 나 때문에 동반자들은 편한 게임을 할 수 없기 때문에, 나를 이해해줄 수 있는 사람들과 같이 가는 것이 좋다.

첫 경험 전 연습방법

본인이 느끼기에는 실내연습장, 스크린 골프장에서 나름대로 내공을 쌓아서 자신감이 충만해졌을 수 있으나, 실제 필드에서 내 공이 어떻게 날아가는지 확인하는 순간 그 자신감은 바닥으로 떨어지고 만다. 충격을 완화시키고자 최소 2~3회 동네의 그물망 연습장에 가서 공을 쳐본다. 대략 1시간 정도, 짧은 클럽부터 긴 클럽 순서로 연습한다. 연습 스윙 두 번 후 공을 치는 습관을 들이는 것도 좋다.

비록 내 공이 좌측, 우측 왔다 갔다 해도 너무 실망하지 말자. 누구나 처음엔 다 그러니까.

골프장에 처음 갈 때 준비사항

완벽한 선수가 돼서 골프장에 갈 수는 없다. 골프장에 처음 가는 순간부터 본격적인 골프를 하는 것이라고 생각하면 된다. 여태까지는 오늘을 위한 준비였을 뿐이다.

❶ 골프클럽과 캐디백

클럽은 14개 이하로 가져가야 한다. 캐디백에는 반드시 이름표(네임택)를 붙여야 가방을 못 찾는 일이 생기지 않는다.

❷ 신발과 보스턴백

보스턴백 하단에 신발주머니가 없는 경우에는 별도의 백을 준비한다. 보스턴백에는 게임이 끝난 후 갈아입을 옷, 속옷, 양말과 세면도구, 화장품 등을 넣는다.

❸ 골프공과 티

초보들은 20개 정도의 공을 준비해야 한다. 슬라이스, 해저드로 많은 공을 잃어버리므로 저렴한 로스트볼을 구입하도록 한다. 공을 올려놓는 티는, 쉽게 높낮이를 일정하게 꼽을 수 있는 자석이 붙어 있는 플라스틱 티로 구입하는 것이 좋다.

❹ 볼마커(Ball marker), 모자

그린에서 공의 라인을 맞추기 위해서는 볼마커가 있어야 한다. 보통은 모자창에 자석으로 붙일 수 있는 것을 구매한다.

❺ 이너웨어와 선크림

골프장은 햇볕이 강렬하므로 이너웨어를 착용하고, 선크림을 자주 발라야 한다.

당일 아침 집에서부터 골프장 카트 탈 때까지

아침 7시가 티업 시간이라고 가정해보자. 대략 1시간 전에는 골프장에 도착해서 락카를 배정받고 식사를 끝내고, 티업 시작 20분 전쯤에 캐디와 전동카트를 탄다. 다시 말해 집에서 골프장까지 1시간이 걸린다면, 4시 30분쯤 일어나서 5시에 집에서 출발해야 여유롭게 하루를 시작할 수 있다.

대다수의 골퍼는 새벽에 일찍 움직인다. 골프에 소요되는 총시간은 이동시간을 포함해 보통 10시간 정도이다. 해뜬 다음 집에서 나온다면 해가 져야 집에 들어갈 수 있다. 늦은 오후라도 가족과 함께하기 위해서는 새벽에 일찍 움직여야 한다. 결국 골프를 치기 위해서는 부지런한 사람이 되어야 한다.

처음 골프장에 갈 때는 대개들 동반자의 차를 같이 타고 간다. 처음이라 모든 것이 어색하기 때문이다. 골프장에 도착하면 클럽하우스 앞에서 대기하고 있는 골프장 진행요원들이 트렁크의 캐디백을 꺼내준다. 이때 차에서 내려서 동반자의 보스턴백과 내 것을 가지고 클럽하우스 안으로 들어가서 동반자를 기다린다.

동반자가 주차를 완료하고 클럽하우스 안으로 들어오면 같이 프론트에서 티업 시간과 성명을 알려주며 락카 번호를 배정받는다. 락카룸으로 들어가서 옷을 갈아입고 준비물을 챙겨서 스타트 하우스(Start House)로 향한다. 약간 여유 있게 도착했다면 카트에 실려 있는 내 퍼터를 가지고 연습 그린에서 그린 스피드를 확인하는 것이 긴장을 푸는 데 도움이 될 것이다.

게임의 시작과 끝

드디어 첫 타석에 설 차례다. 얼마나 설레는 순간인가. 몇 달 동안 연습한 것을 멋진 드라이버 첫 스윙으로 다 보여줄 시간이다. 그러나 몸과 마음은 다를 것이다. 첫 드라이버 티샷으로 공을 앞으로 보냈다면, 그건 천부적 소질이 있는 사람이다. 보통은 완벽한 슬라이스나 헛스윙, 아니면 하늘로 솟는 스카이 샷(Sky Shot)을 하게 된다. 그래도 실망하지 말고 첫날인만큼 골프장 안전과 에티켓을 배우는 것이 더 중요하다.

골프장에서 최소한의 기본사항은 다음과 같다.

◆ 타자의 시선에 내 모습이 보이지 않게 등 뒤쪽에 피해 있고,

◆ 티잉 그라운드에는 타자만 올라간다.

◆ 절대로 타자보다 앞에 있지 않는다.

◆ 그린 위에서는 상대방의 퍼팅 라인에 방해되지 않는 방향으로 다니고,

　뛰지 않고 천천히 걷는다.

18홀이 정말 후다닥 지나갈 것이다. 연습장에서 배웠던 것은 온데간데없어지고 언덕만 열심히 뛰어다녔다고 생각될 것이다. 게임이 끝나면 클럽하우스로 들어와서 락카에서 샤워용품을 가지고 사우나로 가서 하루를 깨끗이 정리하고 나오면 된다.

진정한 골프의 세계로, 다음을 기약하자

첫 게임을 하고 나면 도전정신이 생길 것이다. 그날 동반자들의 쉽게 쉽게 풀어가는 게임을 보면서 나도 그렇게 하고 싶다는 희망과 함께 부러움이 생긴다.

이럴 때 바로 연습장으로 달려가야 한다. 사실 골프 첫 경험은 진정한 골프의 세계에 빠지기 위한 기폭제일 뿐이다. 처음 입문하고 2~3년이 가장 열심히 연습하는 시기이다. 그 노력 여하에 따라 싱글 플레이어, 보기 플레이어, 100돌이라는 명칭이 붙을 것이다.

가능하면 다음 골프장 방문 시기는 두세 달 이내로 하자. 그 사이에 영어단어 외우듯 매일매일 연습하고 골프 이론서도 읽어보자. 이 시기를 놓치면 흥미를 잃을 수도 있으니 처음만이라도 부단히 노력하자.

지용이와 드디어
18홀 완주를 하다!

02 얼마 전의 첫 필드 경험은 9홀이었기 때문에, 나는 다시 정규
홀인 18홀을 계획했다. 지용이가 조금 힘들 수 있겠거니 생각했는데 생각보다
씩씩하게 잘 따라다녀서 고마웠다.

골프 코스는 대개 6~7km의 거리이지만 초보에게는 10km 정도를 걷는 트레
킹 코스와 같다. 특히나 어린이의 경우 간식으로 스낵이나 바나나 같은 먹거리
를 가지고 다녀야 많이 지치지 않고 18홀을 완주할 수 있다.

중·장기 마스터 플랜을 타이틀로 내걸고

오늘 정규 라운딩에서는 스크린 골프 게임처럼 간단한 내기를 약속했다. 당
장의 실현 가능성은 없지만 미래를 생각해서 통 크게 제안을 했다.

지용이가 1홀 이기면 아빠 볼마커 갖기, 3홀 이기면 로봇 장난감, 5홀 이기면
새로운 골프클럽, 10홀 이기면 일본에 있는 건담 박물관 구경시켜주기, 15홀 이
기면 가족 해외여행 가기로 중·장기 마스터 플랜을 타이틀로 내걸고 게임을
진행했다.

물론 지용이는 당장의 1홀과 3홀 이기는 것이 중요했을 것이다. 아빠의 볼마커가 멋있고, 늘 인터넷으로 검색하며 사고 싶어했던 장난감을 가질 수 있다면 얼마나 좋겠는가!

지용이가 지금 당장 몇 개월 내에 구력이 6년 된 아빠를 이긴다는 것은 매우 어려운 이야기일 것이다. 그래서 나의 생각에는 한두 달쯤 후에 내가 1홀 지고, 그 다음 달에는 3홀 지고, 그런 식으로 순차적으로 지용이가 이기게 되면 그에 따른 보상을 해주어야겠다고 마음먹었다. 그러다 2년 후쯤에 5홀 이기면 골프 클럽을 교체해주고, 나에게 10홀 이기고 15홀 이길 때쯤엔 함께 가족여행을 가려는 기대를 갖고 있었다.

이번에도 같은 골프장으로 갔다. 스코어 카드에 타수를 기록하는 것도 무의미할 정도로 화이트 티에서 여러 번씩 공을 치며 앞으로 나아갔다. 그래도 지용이가 가끔씩 치는 잘 맞은 드라이버 소리가 우리 두 부자를 기분 좋게 해주었다. 아직 자기 클럽의 거리도 모르는 아이에게, 너무 아빠의 의지만을 심어주는 것은 아닌지 모르겠다.

생각보다 빨리 볼마커를 뺏기다

지용이에게는 멀리건을 전후반 두 번씩 인정하고, 러프에 떨어진 공은 무벌타로 페어웨이로 공을 옮기고 적용하는 대신 정확한 스코어를 적기로 했다. 최종 스코어는 107타의 성적으로 나쁘지 않았다. 파는 없었지만 보기는 다섯 번이나 했다.

파3 홀, 아이언 7 번,
티샷하는 모습

더구나 마지막 홀에서 생각지도 못한 일이 벌어졌다. 내가 방심했던 것인지, 힘이 빠져서인지 드라이버가 슬라이스, 어프로치 뒤땅으로 헤매고 있는 사이에 지용이는 또박또박 앞으로 잘 치는 것이 아닌가! 결과는 지용의 승!

GOLD	74.4/138	435	413	388	561	200	430	220	342	540	3529	200	415	368	382	592	390	540	451	205	3543	3529	7072
BLUE	70.4/132	390	357	339	511	174	385	195	338	499	3188	170	372	319	366	509	298	520	390	181	3125	3188	6313
WHITE	68.1/123	363	329	323	495	157	362	125	290	471	2915	125	364	307	311	493	285	443	374	164	2866	2915	5781
GREEN	M 66.5/113 L 71.5/122	342	314	317	400	150	340	115	270	460	2708	111	350	291	297	460	271	430	277	155	2642	2708	5350
PAR		4	4	4	5	3	4	3	4	5	36	3	4	4	4	5	4	5	4	3	36	36	72
HANDICAP		1	9	3	7	17	11	15	13	5		16	4	10	14	6	12	8	2	18			
+4	DJ.Shin	2	0	0	-1	1	0	1	0	2	41	0	0	1	2	2	2	2	2	2	49	41	90
+35	Ty.Shin	3	2	2	1	2	2	1	2	2	53	1	2	1	3	3	2	2	3	1	54	53	107

첫 18홀 정규코스 입문 스코어 카드

내 생각보다 빨리 볼마커를 넘겨주게 되었다. 그 볼마커는 지용이와 첫 라운딩을 기념하면서 내가 인터넷으로 구입한 것으로, 독수리와 미국 국기로 디자인된 내 마음에 쏙 드는 것이었는데, 불과 한 달 만에 지용이에게 양보해야 했다.

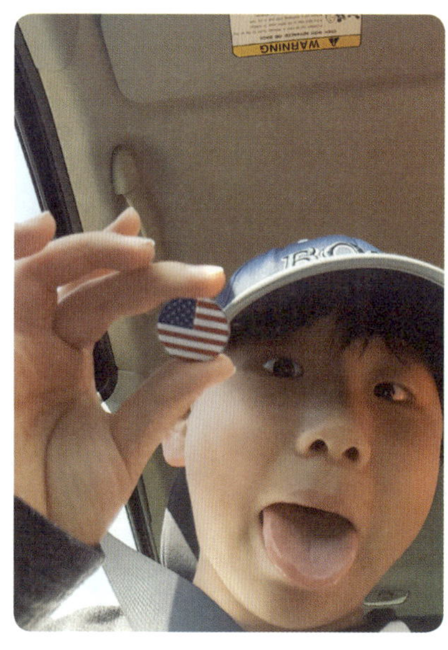

아빠의 볼마커를 갖고
좋아하는 지용이

프로선수들의 동영상 공부

이번 게임을 하면서 느낀 점은, 내가 골프를 좀 더 공부해야 지용이를 가르칠 수 있겠구나 하는 것이었다. 내가 가르쳐주는 것이 괜히 잘못된 지식과 자세를 심어줄까 봐 걱정이 되었다. 그래서 한동안 찾지 않았던 오래된 골프 동영상을 다시 찾아 보기 시작했다.

누가 유명한 교습가인지는 잘 모른다. TV 골프 채널에 많이 나오는 젊은 티칭프로들이 있는데, 처음부터 일목요연하게 정리된 방송은 찾을 수 없었다. 그래서 몇 년 전에 유료 동영상 다운로드 사이트에서 다운받은 고덕호, 임진한, 전욱휴 프로의 골프 레슨 동영상을 들춰보기로 했다.

고덕호 프로의 동영상은 실제 투어에서 뛰고 있는 제자들과 함께 필드에서 겪는 상황을 번갈아가며 설명하는 형식이었고, 임진한 프로의 동영상은 개그맨 서경석과 함께 게임을 하며 레슨을 하는 내용이었다. 전욱휴 프로의 것은 모든 상황을 동작 하나하나 세분화하여, 5분 전후의 짧은 동영상을 혼자 또는 다른 프로와 함께 자세 위주의 설명을 하는 방식이었다.

지용이에게는 상황에 맞는 자세를 알려주며 왜 이런 자세를 취해야 하는지 그 이유를 함께 이해할 수 있도록 해야 했다. 그래서 나는 우선 전욱휴 프로의 레슨을 다시 보기로 했다.

프로 연습생처럼 매일매일 연습하고 필드에 나가는 것이 아니므로 지용이가 몸으로 배우기에는 연습량이 매우 부족하다. 그렇기 때문에 약간은 주입식으로 가르쳐야 할 필요가 있을 거라 생각했다. 지용이가 심심해할 때 하루에 30~40분씩 인터넷을 하게 하는데, 그때마다 전욱휴 프로의 동영상을 1~2개씩 보도록 했다.

알아두면 좋은
골프 에티켓!

가족, 친구, 동료끼리 즐거운 골프 게임을 하기 위해서는 서로 상대방에게 지켜야 할 에티켓과 기본적인 골프 규칙을 알고 있어야 한다. 가령 디보트(Divot) 안에 공이 있다고 해서 동반자의 동의를 구하지 않고 살짝 발로 차서 옮긴다면, 그것을 보고 있는 동반자들의 마음은 어떻겠는가?

페어플레이를 위해 알아야 할 최소한의 룰을 살펴보자.

❶ **티타임을 반드시 지킨다.**

골프는 4인이 한 팀이 되어 플레이하는 게임으로, 한 사람이라도 늦게 온다면 그 게임 전체가 시작부터 엉망이 될 수 있다. 최소한 티업 시간 20~30분 전에는 도착해서 준비하는 것이 좋다.

❷ **동반자가 어드레스를 하면 쉿!!**

동반자가 샷을 위한 준비동작을 시작하면 행동과 말을 멈추고 동반자의 공이 날아가는 곳을 보며 "굿~샷!"을 외쳐주자. 보통 멘탈이 강한 사람이 아니고서는 작은 소리나 행동에도 신경이 쓰이기 때문에, 좋은 샷에 방해가 될 수 있다.

❸ 플레이하고 있는 동반자보다 앞서가지 않는다.

전번 홀에서 최저 타수인 사람이 다음 홀에서 우선타자가 된다. 세컨샷부터는 공이 핀으로부터 멀리 있는 사람 먼저 샷을 하게 되는데, 이때 절대로 앞이나 옆에 서 있지 말자. 골프공에 맞을 수 있기 때문이다. 항상 플레이하는 동반자의 등 뒤쪽에서 응원해준다.

❹ 그린을 제외하고는 티샷 후부터 공을 만질 수 없다.

세컨샷, 서드샷의 위치가 좋지 않다고 해서 공을 슬쩍 옮기지 말자. 심판이 없다고 나의 양심을 속이지는 말자.

❺ 그린에서는 뛰지 말고, 동반자의 퍼팅 라인을 밟지 않는다.

서두른다고 뛰어다니면 안 된다. 그린에 발자국이 생기면 공이 잘 구르지 않을 것이다. 동반자가 생각한 공의 라인을 밟는 것은 공의 진행방향에 영향을 줄 수 있으므로 조심해야 한다.

❻ 벙커샷 후에는 깔끔하게 정리한다.

벙커에 빠진 내 공을 보았을 때 정리되어 있지 않고 움푹 파인 곳에 공이 들어가 있다면 화가 날 것이다. 다음 누군가를 위해서 내가 샷하고 난 자리를 평탄하게 정리하면서 벙커 밖으로 나온다.

❼ 티잉 그라운드에서는 티마커 라인을 넘지 않는다.

흔히 "배꼽 조심"이라고도 한다. 티잉 그라운드에 올라서면 양쪽 두 개의 티가 있는데, 두 개

를 잇는 가상의 선보다 그린 방향으로 나오게 공을 놓으면 2벌타가 부여되므로, 안쪽에 공
을 놓도록 한다.

❽ 옆 그린에 공이 올라간 경우에는 그린 밖에 놓고 어프로치한다.

일부 골프장은 두 개의 그린을 운영하는 곳이 있다. 샷을 하다 보면 사용하지 않는 그린에
공이 떨어지는 경우가 있는데, 이럴 땐 홀컵에 먼 쪽의 그린 밖으로 공을 던져놓고 어프로치
하면 된다.

❾ 연습 스윙 할 때는 반드시 양옆, 앞뒤를 살핀다.

드라이버 헤드에 맞으면 어떻게 될까 생각해본 적이 있는가? 그야말로 끔찍한 사고일 것이
다. 연습 스윙 할 때는 항상 사람이 있는지 주변을 꼼꼼히 살핀 후에 해야 한다. 그리고 멀리
있다 하더라도 사람이 있는 방향을 보고 팔로우를 하는 것도 매우 위험하니, 다른 곳을 향해
연습 스윙을 하도록 한다.

❿ 멀리건은 동반자의 동의가 있어야 한다.

미스샷을 했을 때 무벌타로 다시 한 번 칠 수 있는 기회를 주는 것을 '멀리건'이라고 한다. 아
무리 친한 친구 사이라고 해도 내 맘대로 "다시 칠게!"라고 하면 안 된다. 반드시 동반자 모
두의 동의가 있을 경우에만 멀리건을 사용하도록 한다.

⓫ 게임 도우미 캐디에게 기본 에티켓을 지키자!

공이 내가 뜻하지 않은 곳으로 날아간 경우, 내 탓을 캐디의 탓으로 돌리지 말자. 캐디는 나
의 경기를 조금 더 수월하게 하기 위해 도움을 주는 사람이지 개인의 티칭프로나 코치가 아
니라는 사실을 알아야 한다.

드라이버와
퍼팅 연습일기

03 겨울이라고는 믿기지 않을 만큼 낮 기온이 15도를 넘나드는 따뜻한 날씨였다. 지난번에 지용이가 18홀을 조금 지루하게 여기는 것 같아 당분간은 9홀만 하기로 했다.

지용이는 어째 오늘은 나오기 싫어했다. 나는 지용이에게 어린애가 벌써 배가 나왔다며 운동이 필요하다고 억지로 끌고 나왔다.

지용이는 아직 연습량이 부족하기 때문에 그냥 드라이빙 레인지를 갈까 하는 생각도 했다. 클럽별 거리도 잘 모르고, 티를 꽂는 위치, 거리별 어프로치 요령 등을 전혀 모르는 지용이에게 천천히 알려줄 필요가 있었다. 그러나 잠시 고민을 하다가 연습장 가격을 생각하면 차라리 늦은 오후 9홀 필드가 좋겠다는 결론을 내렸다.

골프에 익숙해져가는 모습

여느 때와 마찬가지로 여러 번 연습 삼아 공을 치며 나아갈까 하다가, 새로운 방법을 도입하기로 했다. 공 2개 중 더 잘 친 것을 스코어로 적기로 했다.

　그런데 이렇게 공을 치다 보니 지용이가 몇 타를 쳤는지 셀 수가 없었다. 나도 지용이의 티칭 역할을 하다 보니 내 스코어 관리를 할 수 없었다. 지용이가 9홀 중 2홀이나 이겼다. 완전 초보인 지용이에게 2홀이나 졌다는 것이 믿기지 않았다. 그러나 한편으로는 골프에 익숙해져가는 지용이의 모습에 기분이 좋았다.

　지용이는 점점 로봇 장난감에 대한 기대감에 부풀었다. 나는 생각보다 너무 빨리 다가오는 지용이의 골프 실력에 살짝 긴장을 하게 되었다. 그래도 아직은 지용이의 골프 적응을 위해 내가 많이 봐주니까……, 하는 마음으로 스스로 위안을 삼아본다.

마지막 홀의 승리를
기뻐하는 지용

　드라이버와 아이언은 약간의 주의를 주고 연습 스윙 후 샷을 하면 똑바로 잘 날아가는 편이었지만, 어프로치와 퍼팅은 거리감이 많이 부족했다. 그러나 지금은 공을 띄울 줄만 알아도 성공이기 때문에 그다지 걱정은 없었다.

　그런데 지용이는 마음이 급한 모양이었다. 아빠를 이겨야 한다는 생각 때문인지, 어프로치 뒤땅에 고개를 떨구고 본전보다 이자가 더 나오는 퍼팅 거리감 때문에 눈물을 글썽거렸다.

연습이라기보다는 놀이

지용이의 드라이버 샷은 스윙궤도가 문제인지, 아니면 드라이버 로프트가 13.5°라서 그런지, 티를 낮게 꽂아도 상당히 높게 떴다. 제대로 맞은 것 같아도 높이 뜨기 때문에 거리손실이 큰 편이었다. 내 생각에는 20~30m는 더 나갈 수 있는 스피드인데, 어림잡아 130~150m 정도 가는 것 같았다.

우리는 집에서 연습매트를 이용해 2~3m 퍼팅 연습을 하곤 했다. 좀 더 정확한 표현을 하자면 연습이라기보다는 놀이였다. 5개씩 쳐서 누가 목표지점에 가장 가까이 세우는지를 대결하여 지용이가 이기면 TV를 보게 한다든지, 장난감을 가지고 놀게 한다든지 하는 보상을 주었다. 동생 지윤이도 게임에 참여해서 같이 연습을 하곤 했다.

땀 때문에… 장갑 끼고 퍼팅하기

"드라이버는 쇼(show), 퍼팅은 머니(money)"라는 말이 있다. 나의 짧은 경험으로 이 명언은 프로들이나 상급자들에게 적용되는 것이다. 초급자나 보기 플레이어들에게는 드라이버가 'money shot'이다. 드라이버가 페어웨이를 지켜야 다음에 2온 또는 3온을 기약할 수 있기 때문이다.

물론 퍼터의 중요성은 말할 필요도 없다. 연습량에 비례하여 결과가 나오기 때문이다. 경사, 휘어지는 정도를 읽는 능력과 거기에 맞는 스트로크 크기를 감각적으로 홀컵 방향으로 보내는 것은 연습한 사람과 그렇지 않은 사람이 분명히 차이가 있다. 중급자와 상급자의 차이는, 큰 클럽에서는 그 실력차를 잘 느끼지 못한다. 그러나 어프로치와 퍼터로부터 알 수 있다.

하지만 지용이에게 퍼터는 드라이버, 우드보다는 훨씬 쉬운 클럽이다. OB나 해저드로 빠질 리는 없기 때문이다. 그냥 굴리면 되니까.

넓은 페어웨이의 경치를 감상하며

오늘도 지용이는 불안정한 티샷으로 카트를 타지 못하고 티 박스 바로 앞에 떨어진 공을 다시 치면서, 넓은 페어웨이의 경치를 감상하며 느긋하게 걷고 있다. 굳이 남들을 의식하여 지용이를 페어웨이에서 뛰게 하고 싶지는 않았다. 골프는 힘들게 배우는 것이 아니라 그냥 즐기는 거라고 지용이에게 느끼게 해주고 싶었다. 골프 '실력'은 좀 늦게 향상되도 좋으니, 지용이가 현재의 '시력'이라도 오랫동안 지켰으면 좋겠다.

4번 홀 세컨샷 후 걸어오는 지용이

골프의 시작과 끝은 스윙이다

골프 인생에서 가장 하고 싶은, 그리고 닮고 싶은 것이 바로 '프로들의 교과서 스윙'일 것이다. 아마추어들은 20~30년 골프를 쳐도 계속해서 스윙에 대한 고민을 한다. 하긴 프로들도 전속 티칭프로들과 함께 매일매일 스윙에 관한 연습을 하고, 때로는 다른 방법의 스윙을 익히기도 할 것이다.

골프는 다른 스포츠보다 특히 자세가 매우 중요하다. 골프는 축구, 배드민턴, 야구, 탁구 등과는 달리 상대방 없이 혼자 연습할 수 있고, 게임을 할 수 있는 스포츠이다. 상대방이 있어야 하는 이런 스포츠들은 상대방의 자세를 볼 겨를이 없다. 날아오는 공을 받아쳐야 하기 때문에 주로 공의 움직임을 보며 게임을 한다. 그렇지만 골프는 타인이 공을 치는 순간에는 숨소리조차 들리지 않도록 조용히 하며 상대방의 스윙 모습을 아주 자세히 보게 된다. 마치 자세를 평가하는 사람처럼.

스윙 자세가 어색해도 구력이 쌓이면 싱글 플레이어(single player)가 될 수는 있겠지만, 이왕이면 더 멋있는 스윙폼을 가지고 있다면 모든 동반자가 부러워하는 멋진 골퍼가 될 것이다.

공을 똑바로 멀리 보내기 위해서는 각 단계마다 정확한 스윙패스를 가지고 있어야 한다. 시작이 잘못되면 중간, 끝이 다 나빠지기 때문이다.

교습가마다 약간씩은 다른 자세와 연습방법을 소개한다. 어떤 수준에 올라선 사람들의 공통점이겠지만, 본인이 느낀 바가 다르고 신체구조가 다를 수 있기 때문일 것이다. 그래도 공통점 하나는 체계적으로 분석되고 최적화된 교과서 스윙이 있다는 것이다. 그것을 여러 사람들에게 적용시키면서 각기 다른 개성에 맞춤형이 되다 보니 약간씩 다른 레슨을 하고 있는 것이다. 그렇지만 알고 보면 똑같은 레슨을 하고 있다.

그립 Grip

골프는 그립에서 시작된다고 해도 과언이 아니다. 프로와 같은 스윙폼을 가졌다고 하더라도 그립이 잘못 잡혀 있으면 공은 똑바로 날아가지 않는다. 그립은 잡는 방법에 따라 약한 그립, 중간 그립, 강한 그립으로 나뉜다.

강약에 따른 그립 잡기

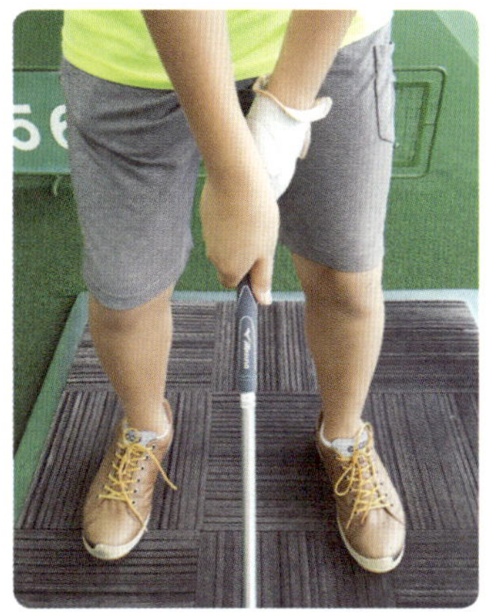

약한(Weak) 그립

중간(Neutral) 그립

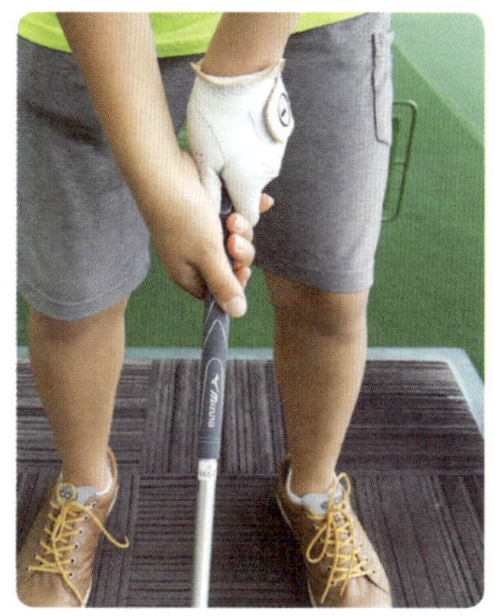

강한(Strong) 그립

그리고 새끼손가락의 위치에 따라 구분하기도 한다. 대부분의 여성이나 주니어 들은 인터로킹, 남성들은 오버래핑을 한다.

새끼손가락의 위치에 따른 그립 잡기

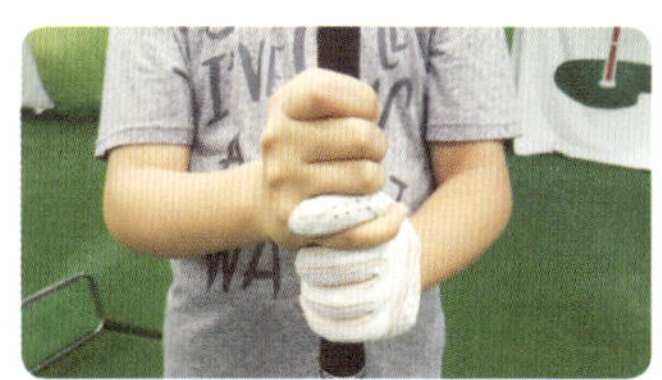

인터로킹(Interlocking) 그립

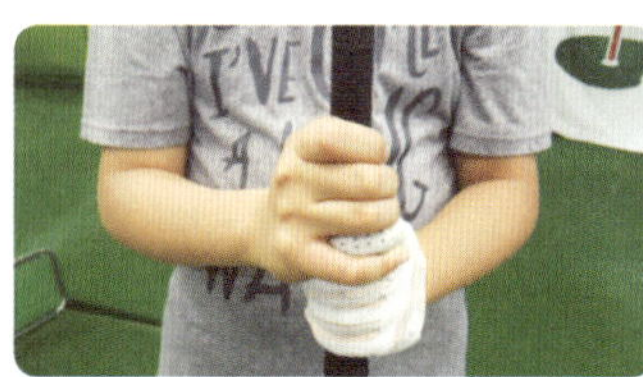

오버래핑(Overlapping) 그립

베이스볼(Baseball) 그립

공을 치기 위한 준비자세이다. 양발을 어깨 넓이 정도로 적당히 벌리고 살짝 무릎을 굽힌 채로 상체를 20~30° 곧게 숙인다. 두 팔은 편안하게 아래로 늘어뜨린 채로 그립을 잡는다. 클럽페이스는 목표라인에 수직이 되게 놓고, 그립의 끝이 왼쪽 겨드랑이를 향하게 한다. 몸과 그립의 간격은 주먹 1~1.5개 정도의 여유를 둔다.

측면(우)

정면

측면(좌)

　클럽이 움직이기 시작해서 오른쪽 허리 정도(90°, 9시)까지 올라왔을 때까지를 테이크 백이라고 한다. 이때는 상체의 회전과 함께 하체를 고정한 채로 팔을 올리는 느낌으로 왼팔(70%)과 오른팔(30%)의 힘으로 스윙을 시작한다. 클럽페이스가 9시 방향에 왔을 때는 정면을 보고 있어야 한다. 지면을 본다든지 하늘을 보면 잘못된 스윙궤도이다. 항상 연습할 때 이 점을 명심해야 한다.

측면(우)

정면

측면(좌)

공이 힘차게 날아가는 모습을 보면 기분이 좋다. 임팩트 순간의 스피드, 파워가 좋아야 하는데 그러기 위해서는 콕킹이 적절하게 되어야 한다.

콕킹이란 손목이 살짝 꺾여 있는 것을 말하는데, 스윙이 시작되면서 콕킹도 서서히 동반된다. 테이크 어웨이를 지나면서 콕킹이 완성되어 백스윙 탑으로 이어진다. 다운스윙 내내 손목 각을 유지하다가 임팩트 순간에 콕킹을 풀어주면 강력한 스윙을 할 수 있는 것이다.

측면(우)

정면

측면(좌)

　허리골반(엉덩이)과 함께 어깨의 회전이 동반되는 동작이다. 주의할 점은 머리의 움직임이 최소화되어야 하고 상체가 상하로 움직이지 않도록 해야 한다는 것이다. 상체가 심하게 움직이면 척추를 기준으로 꼬여 있던 상체가 풀려버리게 되어 스윙 스피드가 줄어들 뿐만 아니라 일관성 있는 임팩트 존(Impact Zone)을 만들기 어렵게 된다.

측면(우)

정면

측면(좌)

클럽 샤프트가 지면과 수평이 되고 클럽페이스는 하늘 방향 45° 정도를 향하게 된다. 헤드의 방향은 목표지점을 향하여야 한다. 왼쪽 어깨가 공의 위치까지 회전하되 시선은 계속하여 공을 응시한다. 상체가 하체보다 회전이 많이 발생되기 때문에 자칫하면 중심을 잃을 수 있으니 안정적인 자세를 유지할 수 있도록 반복적인 연습이 필요하다.

스윙이 진행되는 동안 계속해서 신경 써야 할 부분은 나의 척추 각도와 머리의 위치이다. 사람이기에 약간은 움직일 수 있지만 고정되어 있다고 생각하고 움직임을 최소화해야 한다.

측면(우)

정면

측면(좌)

　스윙의 단계 중에서 그립(Grip) 다음으로 중요한 부분이다. 다운스윙의 시작이 곧 공의 방향을 결정한다고 해도 과언이 아니다.

　흔히 말하는 체중이동의 본격적인 시작이다. 백스윙을 하면서 자연스레 오른쪽으로 넘어온 체중을 순간적으로 왼쪽으로 수평이동하면서 콕킹을 유지한 채로 팔을 아래로 내린다. 이때 오른쪽 팔꿈치가 옆구리에 붙는 느낌으로 다운스윙을 한다. 손목 콕킹이 일찍 풀리면 캐스팅(Casting)되어 미스샷이 나오게 되므로 주의한다.

측면(우)

정면

측면(좌)

최초 어드레스의 자세와 유사한 모습
이며 오른쪽 무릎이 살짝 왼쪽으로 굽혀
진 모습이 된다. 손목 콕킹이 풀어지면서
클럽페이스가 공을 치고 나가는 순간을
임팩트라고 한다. 임팩트 순간에 오른손
그립에 강한 힘을 주면 클럽헤드가 덮여
맞는 경우가 발생하므로 주의한다.

정면

측면

　임팩트 이후 콕킹이 자연스럽게 풀려 손목이 펴지면서 회전하는 동작을 릴리스라고 한다. 빠른 볼 스피드를 갖고 싶다면 반드시 연습해야 하는 동작이다. 이 동작은 팔로우 스루와 연결되는 동작으로, 너무 빠르게 릴리스가 되면 뒤땅, 슬라이스 등 안 좋은 상황이 발생되곤 한다.

정면

측면

임팩트 후 공의 진행방향으로 스윙을 계속하는 것을 말하며, 대략 90°(3시 방향)까지 두 팔이 곧게 펴지게 된다. 그 이후에는 왼쪽 팔꿈치가 접히면서 자연스럽게 피니시까지 이어진다.

팔로우 스루가 당겨지거나(in side) 너무 밖으로 던져지면(out side) 풀(Pull) 또는 푸시(Push)가 되므로 공의 목표지점을 향해 클럽헤드가 지나도록 팔로우 스루를 한다.

측면(우)

정면

측면(좌)

　스윙의 마지막 단계인 피니시가 안정된 모습이면 괜히 골프를 잘 치는 느낌이 든다. 사실 맞는 이야기다. 피니시 자세가 멋지다는 것은 전체적인 스윙 밸런스(Balance)가 맞아야 가능하기 때문이다.

　임팩트 이후 체중의 90% 이상이 왼쪽 발에 실리게 되어, 오른쪽 무릎은 왼쪽 무릎에 거의 붙듯이 당겨지고 발은 발가락으로 살짝 지면을 딛고 서 있는 모습이 가능하게 된다. 허리와 가슴은 목표지점을 향하고 상체는 어드레스 때 굽혀진 각도(20~30°)를 유지한 채로, 클럽은 머리 뒤로 넘어가고 내 시선과 평행하게 샤프트가 놓여지면 멋진 피니시 모양이 완성된다.

측면(우)

정면

측면(좌)

아빠와 아들의
첫 골프 대결

04　　어느덧 4월, 완연한 봄이지만 아직도 약간 선선한 날씨가 반복되고 있었다. 오늘은 기온도 적당하고 하여 한낮을 지나 사람들이 없을 시간에 새로운 골프장에 가보기로 했다. 저녁 7시쯤은 돼야 어두워지기 때문에 5시 전에만 골프장에 도착하면 9홀 정도는 무난하게 게임을 즐길 수 있다.

처음으로 가게 된 이번 골프장은 내가 가본 곳 중 가장 유명한 곳이었다. 전형적인 PGA 스타일의 평평한 페어웨이와 양쪽 옆에 커다란 나무들이 줄지어 서 있는 그런 골프장이었다. 크고 작은 대회도 한 번씩 열린다고 하는 그곳 골프장의 코스를 둘러보니, 아직은 초봄이지만 탁 트인 페어웨이와 파란 양잔디가 멋있었다. 전체적으로 페어웨이가 좁고, 양옆에는 커다란 나무들이 일렬로 서 있었다. 코스 길이는 제법 길었다. 페어웨이가 마치 그린처럼 아주 잘 정리되어 있는 것이 신기했다. 이런 마음이 들면 안 되는데, 아이언으로 잔디를 파내는 것이 아깝기까지 했다.

진짜 게임이 시작되는 순간

토요일 오후 4시가 넘은 시간이었다. 제법 바람도 불고 쌀쌀했다. 지용이는 반팔 위에 긴팔 옷을 입고, 또 그 위에 스웨터를 겹쳐 입었는데도 춥다고 계속 칭얼거렸다. 마침 골프백에 일회용 손난로가 있어서 그것을 흔들어서 주었더니 얼굴에다 비볐다 손에 비볐다 하며 좋아했다.

페어웨이가 평평하고 시원하게 뚫린 대신 볼이 조금만 휘어져도 나무에 가려 레이업을 해서, 1타를 손해 보고 다시 나와야 칠 수 있는 곳이었다. 나무숲 사이에 어느 정도 공간이 있다 해도 웬만한 실력이 아니고서는 여지없이 나무에 공이 맞고 뒤로 옆으로 팅겨져 나가기 때문에, 괜한 욕심을 부리다가는 2타, 3타를 잃기 쉽다. 그리고 그린 주변에는 벙커도 제법 많아서 실력 차이를 확실히 느끼게 하는 정직한 골프장이었다.

지용이는 탁 트인 시원한 코스 때문인지 여기가 더 쉬워 보인다며 기분 좋게 티샷을 했다. 공은 살짝 푸시샷이었지만 똑바로 잘 날아갔다. 그런데 나무 옆에 떨어져서 세컨이 완전히 가려졌다. 하는 수 없이 공을 다시 페어웨이 중간으로 옮겨 다시 게임을 진행했다.

페어웨이 왼쪽
러프 지역에서의 세컨샷

지용이의 공은 주로 왼쪽으로 휘어지는 훅 구질이었다. 거리는 아직도 들쭉날쭉하여 오늘은 드라이버 100m 내외, 우드 80~100m, 7번 아이언 60~80m, 샌드 30~50m 정도였다. 뒤땅은 기본이고, 드라이버와 우드는 거의 훅성 구질을 보였다. 임팩트 순간에 체중이 오른발에 남아 있어서인지, 아니면 클럽헤드가 닫혀서 맞는 것인지, 인-아웃(in-out)이 심해서인지, 아직은 그 이유를 알 수 없다. 당분간은 공이 클럽헤드 중간에 맞고 잘 뜨기만 해도 잘 치는 것이라고 생각하고 싶다. 그런 면에서 지용이는 아주 잘하고 있었다. 거의 절반 정도는 공이 잘 떴다.

사실 초반에는 게임이 제대로 진행되지 않았다. 그러다가 지용이가 4번 홀을 이기면서 내용이 완전히 달라졌다. 파3이었는데 내가 친 공이 해저드로 들어갔다. 다시 한 번 친 공도 해저드로 들어가고 말았다.

지용이는 얼마 전에 내가 얘기한 것이 생각났는지, 자기는 레드 티에서 쳐야 하는 것 아니냐고 물었다. 나는 이렇게 제안했다.

"레드 티에서 치는 대신 이제부터는 무조건 한 번만 치는 거야."

지용이와 나와의 정상적인 게임이 시작되는 순간이었다. 지용이는 게임의 룰을 받아들였다. 4번 홀부터 지용이는 레드 티, 나는 화이트 티에서 게임을 시작했다.

진지하게 게임에 임하다

그런데 5번 홀도 지용이가 이긴 것이 아닌가! 내가 친 드라이버가 나무 사이로 들어가서 헤매는 사이, 지용은 또박또박 그린을 향해 나아갔다. 파5였기 때문에 나는 별 의심 없이 나의 승리를 확신했지만, 벙커가 승부를 갈랐다. 나는 벙커에서 2타를 잃었다.

1	2	3
4	5	6
7		

왼쪽 신발이 움직일 정도의 스웨이sway가 생겼네…….

이렇게 연속으로 2홀을 이기자 지용이는 3홀 이기면 로봇 장난감을 살 수 있다는 기대에 흥분하기 시작했다. 매 홀마다 굉장히 진지해지고, 사진도 찍지 못하게 하며 심호흡으로 자세를 가다듬었다. 물론 공이 잘 맞는 것과는 별개였지만 말이다. 그래도 골프를 대하는 지용이의 진지한 모습을 처음으로 보게 되니 뿌듯한 마음이 들었다.

지용이가 레드 티에서 출발을 하니 어느 정도 공정한 게임이 되는 듯했다. 지용이 자신도 유리한 곳에서 공을 치니 아빠를 이길 수 있다는 자신감이 충만해져서 공을 치는 순간 순간 내내 진지한 모습을 보였다.

미안하다, 지용아!

추운 날씨도 아랑곳하지 않고 팽팽한 긴장감 속에 어느덧 마지막 홀이 되었다. 나의 드라이버 티샷이 또 숲으로 들어갔다. 게임은 끝까지 가봐야 결론이 나게 되었다. 그린에서 OK는 존재하지 않았다. 지용이는 무조건 넣는 것을 봐야 지는 것에 승복했다.

사실 마지막 퍼팅에서 살짝 고민을 했다. 지용이가 저렇게 간절히 이기고 싶어하는데 어떻게 해야 하나……. 그래도 골프 입문한 지 두 달도 안 된 지용이에게 9홀 게임에서 3홀을 아빠가 진다는 것은 말이 안 된다! 지용이에게는 조금 안됐지만 30cm 퍼팅을 쏘~옥 넣을 수밖에 없었다.

아니나 다를까, 공이 홀컵에 들어가는 순간 지용이는 울음을 터뜨렸다. 저 멀리서 소리가 들릴 정도로 추운 그린 위에서 엉엉 울었다. 아빠가 너무했나 싶을 정도로, 마치 올림픽 금메달을 놓친 선수라도 된 듯이 슬프게 울었다. 정말로 아빠를 이길 수 있으리라고 굳게 믿었던 모양이다.

'미안하다, 지용아! 아빠는 아직 너에게 질 수 없단다. 그러기엔 내가…… 돈이 없다!'

오늘 정말 값진 것을 얻었다. 지용이가 공정한 게임을 서서히 알아가게 된 것 같았다. 서로의 차이를 인정하고 게임을 시작하는 것이다.

지용이가 나중에 5홀을 이기게 되면, 그때 같이 화이트 티에서 치면 공정할 것이다. 아마도 그때쯤이면 지용이는 중학생이 되어 있을 테니까!

클럽마다 다른
공의 위치

14개의 골프클럽은 로프트와 샤프트 길이가 모두 다르다. 드라이버, 우드, 아이언 등 클럽의 특징에 따라 스윙 최저점을 기준으로 이전과 이후에 임팩트가 이루어져야 한다. 따라서 똑같은 스윙을 한다고 해도 클럽의 길이에 상응하는 공의 위치(Ball Position)를 선택해야 클럽에 맞는 거리를 보낼 수 있다.

드라이버

드라이버는 공을 최대한 멀리 보내기 위해 3~5cm 정도의 티(Tee)를 꽂고 공을 올려놓고 스윙을 한다. 스윙의 최저점을 두 발의 중간이라고 가정하면 왼발 쪽에 공을 놓아야 스윙궤도가 살짝 올라가면서 임팩트가 이루어질 것이다.

또한 드라이버 로프트(9~13°)가 크지 않으면서도 공이 잘 뜨면서 가는 이유

도, 클럽헤드가 올라가면서 공을 때리기 때문
에 그만큼의 각도가 더해지면서 멀리 날아가게
되는 것이다.

왼발 뒤꿈치 안쪽에 위치

우드와 유틸리티

　　우드를 잘 치는 사람들은 우드로 드라이버만
큼 거리를 보내곤 한다. 헤드의 모양은 바닥면
이 평평하고 넓다. 그리고 크다. 그 이유는 지면
을 스치면서 공을 치는 클럽이기 때문이다. 공
의 위치는 중간에서 왼쪽 발 중간지점에 놓는
다. 최하점을 지나 상승 궤도에서 임팩트가 이
루어지므로, 공이 뜨면서 멀리 나가게 된다.

스탠스 중앙에서 왼쪽에 위치

　　유틸리티 클럽(Utility Club)은 하이브리드(Hybrid) 클럽이라고도 하는데, 우드
보다 다루기 쉬운 아이언의 장점과 우드처럼 멀리 공을 보낼 수 있는 장점을 결

합하여, 일반 아마추어들도 골프를 좀 더 쉽고 편하게 즐길 수 있도록 해준 명품 클럽이다.

아이언

로프트에 따라 롱 아이언(1~3), 미들 아이언 (4~6), 숏 아이언(7~9)으로 구분한다. 롱 아이언 은 유틸리티와 유사하게 중간보다 왼쪽 지점에 공을 놓고, 미들 아이언은 중간에, 숏 아이언은 중간보다 조금 오른쪽에 공을 놓고 어드레스를 취한다.

스탠스 중앙에 위치

드라이버나 우드와 달리 아이언은 임팩트 후 클럽페이스가 지면에 닿아야 한다. 아마추어들은 공과 지면을 동시에 때린다고 생각해도 무관할 것이다. 단, 지면이 먼저 닿고 공을 치면 엄청난 거리손실과 함께 손목, 팔꿈치에 무리가 갈 수도 있다.

웨지

웨지의 헤드는 아이언보다 크고 무겁다. 아마도 헤드의 무게를 이용해서 공 을 치라는 의미일 것이다. 공의 위치는 중간에서 약간 오른쪽에 위치한다. 최대한 백스핀(Back Spin)을 크게 하여 그린에 공이 떨어졌을 때 런(Run)의 발생을 최소화하여 정확한 핀(Pin) 공략이 가능하게 한다.

스탠스 중앙에서 오른쪽에 위치

퍼터

퍼터는 스트로크(Stroke) 크기가 매우 한정적이기 때문에 다른 클럽에 비해 공의 위치나 스윙궤도를 중요하지 않게 생각하는 사람들이 많이 있다. 하지만 서두에도 얘기했듯이 타수의 절반이 퍼팅이라는 사실을 잊지 말자.

공의 위치는 내 왼쪽 눈 시선 아래에 두면 된다. 클럽 로프트가 2~4° 정도 되므로, 너무 강하게 임팩트하면 공이 떠서 출발을 하게 되어 거리감을 떨어뜨릴 수 있으므로, 부드러운 터치(Touch)로 스트로크할 수 있도록 연습한다.

무릎을 조금 펴고 상체를 구부린다.

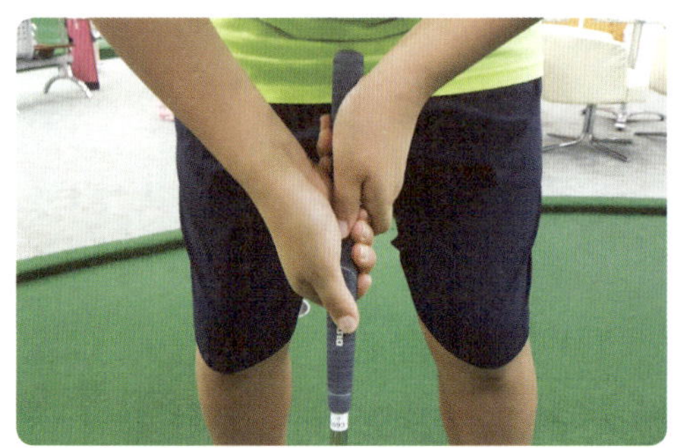

왼손 검지손가락을 오른손 새끼손가락 위에 살며시 올린다.

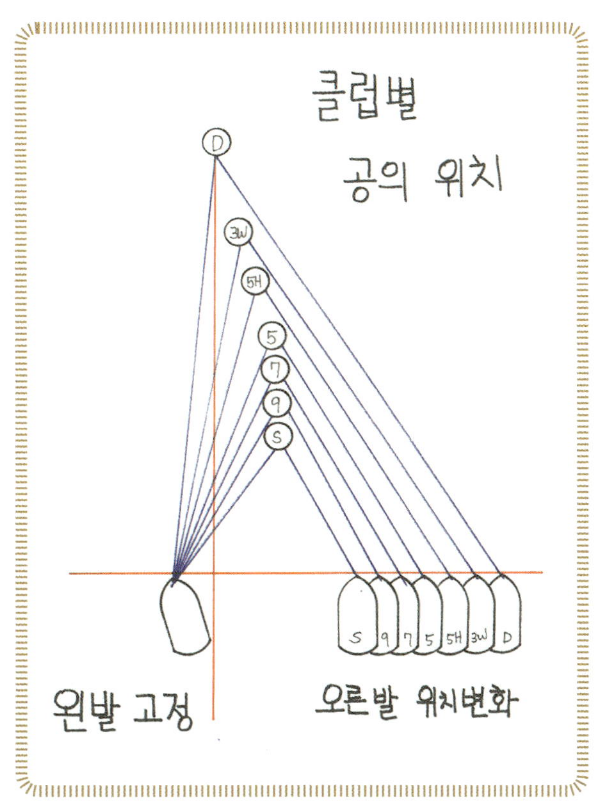

클럽별 공의 위치

파란 봄
그리고
푸른 잔디

3
100~153

프로골퍼도 모르는
따뜻한 가족골프 이야기

01

날이 아주 맑았다. 온도는 10도 정도이지만 어제까지만 해도 겨울 같았던 것을 생각하면, 이 정도면 정말 행복한 날씨다.

얼마 전 만들었던 지용이와의 새로운 골프 규칙을 적용하는 첫날이다. 지용이는 기대 만땅이었다. 용돈을 좀 더 모을 수 있다는 자신감으로 넘쳐났다.

지용이가 레이디 티에서 치기는 하지만, 좀 더 핸디캡을 고려해서 멀리건을 3회 주기로 했다. 그리고 러프에 떨어진 공은 페어웨이로 옮겨주기로 했다. 지금 지용이에게 중요한 것은 스코어가 아니라, 공을 클럽페이스에 정확히 맞추는 연습이 더 필요했기 때문이다.

그리고 바쁜 시간을 피해 비교적 한가한 아침 일찍이나 오후 늦게 가더라도, 매 홀마다 공을 여러 개 놓고 치기는 어렵다. 처음에는 뒤에 사람이 없었어도 3~4홀 정도 지나면 다른 팀이 뒤따라오기 때문에 신경이 쓰일 수밖에 없다.

첫 홀 첫 티샷부터 땅볼

오늘은 지용이가 좋아하는 PGA 스타일 골프장에 갔다. 첫 홀 첫 티샷부터 지용이는 땅볼을 쳤다. 지용이는 당연스럽게 다시 치겠다며 티를 꽂았다. 아마 골프 입문 때부터 내가 다시 치도록 해서 습관이 된 듯했다. 원래는 한 자리에서 한 번만 치는 것이라고, 앞으로는 계속 강조를 해야 할 것 같았다.

두 번째 치는 티샷은 제법 잘 맞았다. 거리는 100미터 정도로 붕 떠올랐다. 물론 좌측 심한 훅성 볼이어서 나무숲 사이로 떨어졌다. 인근 페어웨이로 옮긴 후 세컨샷을 치기로 했다.

우드 4번으로 헛스윙도 하고, 두 번째 맞은 공은 페이드 구질로 반대편 러프에 빠졌다. 오늘도 역시 게임다운 게임이 될 것 같지는 않았다. 아빠 캐디 역할만 해야겠군, 하는 생각이 강하게 스쳤다.

지용이는 첫 홀에 멀리건을 네 번 정도 했다. 그렇게 해서 트리플이었으니, 사실 필드게임이라기보다는 그냥 야외연습장(드라이빙 레인지)에 왔다고 하는 것이 더 정확한 표현일지도 모른다.

◆ 공과 몸의 간격이 가깝다.
◆ 그립을 짧게 잡았다.
◆ 클럽페이스가 지면에 자연스럽게 놓인 상태에서 그립을 잡아야 하는데, 약간 눌러 잡는다고 해야 하나? 토우 부분이 많이 들려 있다.

⇨ **공과 내 몸과의 거리를 조금 더 멀게.**

◆ 얼리 콕킹이 습관이 들어 있다.

⇨ **어드레스 상태에서 그대로 테이크 어웨이하도록!**

◆ 백스윙 9시 방향 시에는 클럽페이스가 정면을 보아야 하는데, 현재 지용이의 클럽페이스는 지면을 향해 약간 닫혀 있다.

◆ 몸쪽 바깥쪽으로 클럽이 나가 있다.

⇨ **그립은 스트롱으로 테이크 어웨이는 목표방향과 평행하게.**

◆ 그립 끝 방향이 공을 향해 있는 모습은 그럭저럭 좋아 보인다.

◆ 오른쪽 팔꿈치가 몸에 붙어서 백스윙이 되는 것이 작은 아크로 이어지고 있는 모습.

⇨ **백스윙은 팔을 위로 드는 느낌으로 좀 더 높게 올릴 것.**

◆ 백스윙 탑에서 클럽페이스가 완전히 하늘을 보고 있는데, 너무 심하게 90도 오픈되어 있다. 이상적인 모습은 45도 각도로 되어야 한다.

◆ 탑의 높이가 너무 낮다. 플랫하게 백스윙이 되다 보니 머리보다 클럽이 낮게 위치하고 있다.

⇨ **팔을 높이 들어야 하는데, 어찌 보면 어드레스 시에 너무 뻣뻣한 상체가 원인일 수 있음.**

◆ 어드레스 시 상체 각도는 없어지고, 뻣뻣한 자세로 클럽페이스가 약간 닫혀서 들어오는 모습.

⇨ **상체 각도를 유지할 수 있도록 하고 다운스윙 시작할 때 팔을 아래로 내리면서 오른쪽 팔꿈치가 옆구리에 붙을 수 있도록 연습!**

◆ 임팩트 후, 왼쪽 팔꿈치가 살짝 굽힌 상태로 팔로우가 진행되고 있다.

◆ 공은 왼쪽 훅으로 엄청난 거리손실과 함께 러프로 들어갔다.

⇨ **안타깝다…….**

◆ 피니시 모양은 그런대로 아름다운 모습(?)이다. 중심을 잡고 서 있으나 오른쪽 신발 앞쪽이 접힌 것으로 봐서 아직 체중이 오른발에 많이 남아 있는 것 같다.

⇨ **공은 왼쪽 러프로 갔지만, 왼쪽 도그렉 홀이라 결국에 최단거리가 남았네~.**

한 타 한 타의 소중함

그런데 한 가지 예전과 달라진 것이 있었다. 스윙궤도도 아니고, 향상된 볼 궤적도 아니고, 로우 스코어도 아니다. 그것은 바로 지용이가 한 타 한 타의 소중함을 점점 익히고 있다는 것이었다.

스윙할 때 사진을 찍어도 가만히 있더니 오늘은 민감한 반응을 보였다. 신경이 쓰이니 사진을 찍지 말라고 했다. 그래서 그냥 빈스윙 연습 모습을 주로 찍게 되었다. 핸드폰에 기본 장착된 카메라는 찍을 때 소리가 나기 때문에 더 신경이 쓰이는 것은 당연할 것이다. 그래서 그날은 동영상 위주로 찍어놓았다.

거의 모든 초보자가 그렇듯이 지용이도 유난히 파3에서 강한 모습을 보였다. 더구나 레드 티에서 티샷을 하게 되니 보통 100m 전후의 우드 4번 거리에 맞는 거리여서 지용이는 더욱 좋아했다.

드디어 4홀, 파3 차례였다. 내가 먼저 티샷을 했는데 완전히 슬라이스에 도로 맞고 옆 홀 티샷 장소로 공이 튀었다.

지용이는 약 80~90m 정도 우드샷을 했다. 그리고 약 30m 정도의 어프로치 준비를 하고 있었다. 지용이는 아직 어프로치 거리감이 없기 때문에, 나는 간단히 수학공식처럼 가르쳐주었다. 공의 위치는 중간에서 오른발 쪽 5cm 정도에 놓고, 10m 이내는 1/4스윙, 20~30m는 1/2스윙, 40m는 3/4스윙, 50m는 풀스윙 하라고 주문했다. 아직 뒤땅이 많이 나긴 하지만 간혹 제대로 맞을 때는 이 정도쯤 거리가 나가는 것 같았다.

모든 샷 전에는 항상 연습 스윙을 두 번씩 하도록 했다. 그리고 클럽페이스에 묻은 흙을 모두 닦아내고 샷을 해야 한다고 알려주었다. 그래야 정확한 임팩트 시 알맞은 스핀량이 생길 수 있고, 골프클럽도 오래 사용할 수 있다고 가르쳤다.

이제는 더 이상 질 수 없다!

자신감 때문일까? 지용이의 어프로치가 제대로 맞아서 공은 그린 중간쯤 올라왔다. 이제 가장 자신 있는 퍼팅이 남았다. 5~6m 이내의 퍼팅은 집에서 천 원 내기로 자주 하는 놀이다. 오르막, 내리막, 좌우측 경사 읽는 방법은 잘 몰라도 평지 거리감은 대충 알고 있기 때문에, 자신 있는 펏으로 OK거리까지 공이 굴러갔다.

나의 패배였다. 저번까지만 해도 내가 계속 봐주기만 했었는데……. 물론 오늘도 3홀까지는 그랬다. 더구나 오늘따라 나의 실력이 더 바닥을 쳤다. 이상하게 드라이버도 계속 슬라이스 아니면 악성 훅이 나와서, 타수를 계속 까먹으며 간신히 3온, 4온을 하는 수준이었다.

그 후로도 6홀, 7홀을 내가 계속 지게 되었다. 완벽한 PGA 룰을 따른 게임은 아니지만, 완전 초보인 지용이에게는 페어웨이에서 치는 것도 사실 쉽지 않다. 러프에 들어간 공은 무조건 페어웨이로 옮기고 게임을 진행한 것은 지용이의 핸디를 고려해준 것인데, 오늘은 지용이의 공이 잘 맞았다기보다는 나의 공이 너무 안 맞았다.

오늘부터 당분간 지용이에게 9홀 중 2홀 이상은 져주지 말자는 생각이 내 마음속에 가득했기 때문인지도 모른다. 나의 계획으로는 4월에 2홀, 5월에 3홀 정도 지용이가 이기게 되면 계속 흥미를 갖고 골프를 할 수 있을 거라 생각했기 때문이다. 그런데 이것은 나만의 착각인 듯했다.

마지막 9홀, 330m(red 260m), 파4홀이었다. 지금까지 3홀을 졌기 때문에 이제는 돈도 돈이지만 아빠의 자존심으로 더 이상 질 수 없었다.

'내가 너무 봐줬지!'

9홀에서 3홀을 진 것만으로도 이미 나의 자존심은 금이 가 있었다.

지용이의 마인드 컨트롤 효과

그런데 이것이 웬일인가! 마지막 홀까지 나의 공은 완전히 슬라이스로 옆 홀 그린 옆으로 날아갔다. 지용이의 티샷은 똑바로 잘 가고 세컨샷도 어느 정도 맞아서 그린 주변까지 날아갔다. 3온에 성공한 지용이는 해맑은 웃음을 지으며 아빠를 기다리고 있었다.

나는 냉탕과 온탕을 오락가락하다가 결국 그린 옆 벙커에서 사고를 치고 말았다. 벙커샷이 홈런이 되어 날아갔다. 이것만 제대로 올렸어도 동타의 기회가 있었을 텐데……. 기회는 날아가버리고 지용의 승으로 끝났다.

결과는 지용 4승, 54타였다. 스코어는 조금 과장된 면이 있었지만, 상대평가로 진행된 지용이의 4승은 완벽한 승리를 의미했다.

오늘 지용이의 4승 요인은 무엇이었을까? 실력이 갑자기 늘었다기보다는 본인이 이겨야 사고 싶은 장난감을 살 수 있다는 의지, 곧 지용이의 마인트 컨트롤에 의한 효과가 50%, 평상시보다 스코어가 안 좋았던 나의 게임내용 30%, 그리고 나의 티칭 레슨 효과 20%였지 않을까……, 흐뭇하게 생각해본다.

아빠, 나 골프에 소질 있나 봐

게임을 마친 후 집으로 돌아오는 길, 지용이는 자기를 신 프로라 불러달라면서, 아빠는 신 아마추어라며 놀려댔다. 본인의 실력이 아빠보다 좋다고, 다음에는 18홀 정규게임을 하자며 게임 대결을 신청했다. 음, 지용이의 자신감을 다시 한 번 살려줘야 하나……?

집에 와서 지용이가 오늘 하루 9홀 골프게임을 통해서 벌어들인 수입을 계산해보니, 9홀 중 4홀 승에 3만 원, 54타로 5000원 해서 총 3만5000원이 되었다. 지용이의 입이 귀에 걸렸다. 이 금액은 지용이가 한두 달 동안 문제집 두 권을 풀어야 받을 수 있는 용돈이다.

엄청난 금액에 지용이는 다시 승부욕에 불타올랐다. "아빠, 나 골프에 소질 있나 봐. 지용 프로의 골프 마스터!"라면서 엄마에게 엄청난 자랑을 쏟아부었다.

"그래! 지용아, 오늘은 네가 이겼다!"

◆ 파3, 우드 4번 티샷
◆ 발의 간격이 넓다.

⇨ **간격 좁히기.**

◆ 어깨 턴은 지면을 향하며 강력한 스윙을 할 것같이 좋은 모습이나,
◆ 왼쪽 발이 따라올 정도로 상체가 오른쪽으로 이동되는 스웨이 현상이 점점 심해진다.

⇨ **제자리에서 어깨 턴을 하도록 연습.**

◆ 클럽페이스가 너무 하늘을 향해 있다.

⇨ **그립과 너무 플랫한 스윙궤도.**

◆ 체중이동이 되며 양 무릎이 벌어지는 모습.

➡ **오늘은 이것만큼은 '꼭!' 교정하자.**

◆ 왼쪽 팔이 굽어진 모습, 치킨윙처럼 왼쪽 팔을 곧게 펴지 못함.

◆ 임팩트 이후에도 계속해서 공을 응시하는 모습.

◆ 오른쪽 무릎이 살짝 접히면서 체중이동이 되고 있는 모습은 Good!

➡ **팔을 쭉 펴야 하는데, 던진다는 느낌을 어떻게 설명해줄까?**

◆ 피니시로 넘어가는 팔로우 스윙은 그런대로 잘하고 있음.

➡ **O.K.**

◆ 피니시에 중심을 잃지 않고 잘 서 있음. 지용이 생각에 도 공이 잘 맞은 듯. 공이 날아가는 모습을 계속해서 쳐 다보고 있다.

⇨ **멋있고 안정적인 피니시를 위해, 공이 땅에 떨어 져 정지하는 순간까지 계속해서 공을 보고 있는 연 습 중.**

상황마다 다른
볼 포지션

많은 연습을 하고 레슨 동영상으로 드릴(Drill)을 배워도 막상 필드에 나가면 공이 내 맘대로 가지 않는다. 사실 페어웨이에 공이 멈춰 서는 것만 보아도 희열이 느껴지곤 한다. 18홀 중에 몇 번씩은 심한 경사면에 놓이는 상황에 직면한다. 이런 상황을 침착하게 대응하는 방법을 익히면 더블 파(Double Par)라는 최악의 상황을 모면할 수 있다.

아마추어들은 경사면에서 공의 머리를 쳐서 심한 슬라이스로 오비(OB, Out of Bounds)를 내는 실수를 자주 한다. 그러고 나서 간신히 그린에 공을 올려서 3퍼트(Putt)를 하고 나면 흔히 말하는 '멘붕'이 온다.

지금부터 설명하는 경사면 트러블 샷(Trouble shot)을 기억해두고 연습해보자. 나의 공이 위기에서 기회로 바뀌는 순간, 훨씬 재미난 골프의 묘미를 느끼게 될 것이다.

발끝 오르막

우리나라 대부분의 골프장은 산 중턱에 위치한다. 그리고 코스의 난이도, 재미 등 여러 가지 이유로 골프장에는 경사면이 많다. 티샷 슬라이스의 결과는 세컨샷의 위치가 발끝 오르막의 상황이 된다. 산을 깎아서 만든 골프장의 특징이다. 이런 경우는 공의 위치는 중간이며 자세는 약간 꼿꼿이 선 듯한 느낌으로 클럽을 2~3cm 짧게 잡고, 한 클럽 큰 클럽을 선택하여 스윙을 한다. 그 이유는, 지면에 경사가 있어서 공과 내 몸이 가까워졌기 때문에 그만큼의 거리를 유지해 주어야 하기 때문이다.

그리고 무엇보다 중요한 것은 목표지점이다. 지면의 경사도, 거리에 따라 다르겠지만 실제 공을 보내고자 하는 지점보다 오른쪽(12시→1시)을 겨냥해야 한다. 클럽이 플랫(Flat)하게 백스윙되어 임팩트 순간에는 약간 닫혀 맞기 때문에 당겨지는 샷이 되어, 미리 그 거리만큼을 보상하여 목표지점을 정하는 것이다.

모든 트러블 샷의 공통사항으로 스윙의 크기를 3/4스윙 또는 4/5스윙으로 약간 작게 하는 것이 좋다. 지면의 상태에 따라 나의 스탠스(Stance)가 안정되기 힘들기 때문에 그 상태에서 풀스윙을 하다 보면 정확한 스윙궤도나 임팩트를 만들기가 어렵기 때문이다.

그리고 100m 정도의 거리라면 온-그린(On Green)을 목표로 하겠지만 150m, 170m 등으로 거리가 길어질수록 약간의 실수로 편차가 심해져서 벙커, 러프 등 세 번째 샷도 트러블 샷을 해야 하는 상황에 처할 수 있다. 그린에 올리기 어려울 것 같으면 과감히 욕심을 버리고 평평한 페어웨이로 공을 레이아웃(Lay Out)하여 다음 샷을 기약하는 영리함을 가져야 한다.

발끝 오르막

발끝 내리막

드라이버가 훅이 발생하면 대개 발끝 내리막 경사에 공이 위치하게 된다. 이 경우는 정상적인 스윙을 하게 되면 슬라이스가 돼서 반대편 방향의 오비가 될 가능성이 매우 크다. 클럽의 선택은, 공의 위치는 약간 왼발 쪽에 두고 무릎을 많이 굽히고 스탠스를 넓게 선다. 목표지점은 약간 왼쪽(12시→11시)을 겨냥하여 슬라이스 상황에 미리 대비하도록 하는 것이 좋다. 스윙의 크기는 3/4스윙 정도로 간결하게 하여 정확한 임팩트가 이루어질 수 있도록 가볍게 스윙한다.

발끝 내리막

왼발 오르막

　페어웨이에 공이 떨어졌다 하더라도 업다운(Up Down)이 심한 골프장에서는 평평한 곳을 찾아보기 힘든 곳도 있다. 왼발 오르막 경사에 공이 있다면, 최대한 평지와 같은 조건을 만들기 위해 공을 왼발 쪽(지면이 높은 쪽)에 두고 무릎, 허리, 어깨가 지면과 평행하게 되도록 자세를 잡는다.

　클럽은 1~2 클럽 큰 것을 선택한다. 만약 140미터 남은 거리를 7번 아이언을 사용한다면, 오르막 경사 10°인 경우 클럽 로프트가 경사만큼 더 누워 있게 되어 7번이 9번 정도의 거리만 날아가게 된다. 그러므로 이런 경우 경사만큼 큰 클럽인 5~6번을 사용하는 것이 바람직하다.

왼발 오르막(정면)

왼발 오르막(측면)

왼발 내리막

    일반적인 트러블 샷 중에서는 가장 어려운 상황에 속하는 경우가 왼발 내리막이다. 조금만 실수해도 공의 중간을 때리는 탑볼(Top Ball)을 칠 수 있기 때문이다.

    안전하게 공을 그린에 올리기 위해서는 오른발 쪽(지면이 높은 쪽)에 공을 놓고 무릎과 허리, 어깨의 정렬선을 지면과 평행하게 한다. 모든 트러블 샷이 마찬가지이지만 풀스윙보다는 3/4스윙을 하는 것이 정확한 공의 컨택을 위해 좋다.

벙커 주변 왼발 내리막

왼발 내리막

그린 주변 왼발 오르막

홀컵이 바로 눈앞 20~30m에 있는 경우는 OK를 받을 수 있는 거리에 공을 세울 수 있도록 연습해야 한다. 그러기 위해서 많은 골퍼들이 짧은 거리 어프로치 연습에 시간투자를 많이 한다. 어느 정도 거리에 감이 생겼다면, 그 다음에는 그린 주변의 오르막, 내리막의 경우 클럽 선택을 고민할 차례다.

왼발 오르막인 경우 반드시 그 경사만큼 로프트가 작은 클럽을 선택해야 한다. 평상시 56° 클럽으로 30m 스윙을 했다면, 오르막 20°의 경우에서 똑같은 크기로 스윙하면 76° 클럽이 되어 10m 정도밖에 공이 나가지 않을 것이다. 따라서 피칭 웨지 클럽을 선택하거나, 56° 클럽을 선택할 경우 40~50m 스윙을 해야 한다. 힘들게 드라이버, 유틸리티 클럽으로 두 번에 그린 주변까지 왔는데 이곳에서 다시 두 번에 그린에 올린다면 얼마나 가슴 아프겠는가. 반드시 경사도를 고려한 웨지의 선택이 필요하다.

왼발 오르막 경사

경사를 고려해서 1 클럽 큰 것으로

그린 주변 왼발 내리막

이런 상황이 정말 난감하다. 왼발 내리막의 경우 그린을 살짝 넘긴 경우일 것이다. 대개 그린도 내리막 경사이다. 자칫 토핑이라도 치는 날에는 내 공은 그린의 반대쪽로 굴러갈 것이 확실하다. 결과는 더블파가 될 것이고, 우울한 날이 되고 말 것이다.

조금만 신경 쓰면 최악의 경우는 막을 수 있다. 경사가 심한 경우는 오른쪽 무릎 방향으로 많이 굽혀 최대한 안정된 스탠스를 취한다. 런이 많을 것이라는 생각으로 평지 때보다 작은 스윙을 한다. 로브샷(Lob Shot)처럼 로프트가 큰 클럽으로 공을 띄워서 원하는 위치에 세울 수 있으면 좋겠지만, 수준급의 실력이 아니라면 그린 주변 에이프런(Apron)에 공을 떨어뜨려 속도를 줄인 후 그린 경사를 이용해 굴러가게 하면 원하는 곳으로 공을 보낼 수 있다.

발끝 오르막에 왼발 내리막 라이

급경사의 왼발 내리막 라이

아들아~ 연습한 만큼
실력이 늘었구나!

02

달력을 보면 아직 봄인데 날씨는 여름이다. 겨우내 움츠렸던 골퍼들이 날개를 활짝 펼 때이기도 하다.

오늘도 늦은 오후에 골프장에 들렀다. 이맘때는 항상 미리 예약하지 않아도 마지막 9홀은 라운딩할 수 있다.

그런데 골프장 입구에 도착해보니 평상시와 다른 분위기였다. 똑같은 옷을 입은 사람들이 여기저기 돌아다니고 있었다. 나는 얼른 클럽하우스에 들어가 9홀만 돌고 싶다고 말했다. 그런데 직원이 미안하다며 단체 손님이 있어서 오늘 부킹(booking)은 끝났다는 것이었다. 일부러 여기까지 왔는데…….

나는 머리가 띵했다. 여기서 다시 다른 골프장에 가려면 한참을 더 가야 하고, 아내와 지윤이를 인근 쇼핑몰에 내려주고 왔는데 차량 동선을 따져보니 지금 다른 곳으로 가기엔 시간이 너무 애매했다.

오늘은 어프로치와 퍼팅 연습

내가 난감한 표정을 지었더니 직원이 연습 그린 이용은 무료이니 해도 된다고 말했다. 나는 잠깐 생각하다가 지용이에게 어프로치, 퍼팅 게임을 제안했다. 지용이는 이왕 왔으니 여기서라도 놀다 가자며 좋아했다.

매번 지용이와 9홀을 치는 것도 좋지만, 사실 연습할 시간은 없었다. 그래서 오늘 여기서 어프로치와 퍼팅 연습을 하기로 했다. 단! 지용이의 용돈 수입을 보장하기 위해 간단한 내기를 했다. 나는 공 3개, 지용이는 공 5개로 홀컵에 누가 가까이 붙이는지, 그리고 그 공으로 누가 퍼팅을 잘하는지를 보기로 했다. 즉 파2 게임이다. 홀컵 가까이 있는 1, 2, 3번째 공의 주인이 모두 지용이면 3000원, 2개면 2000원, 1개면 1000원을 주기로 했다. 그리고 버디를 하면 5000원 추가 지급을 약속하고 우리는 연습 겸 게임을 시작했다.

러프에서 어프로치 연습

나름대로 다 생각하고 공을 친 것

오늘 지용이의 수입은 평상시 9홀 게임보다 훨씬 높았다. 무려 2만 원! 어프로치는 미스가 많았지만 퍼터가 훌륭했다.

내가 그동안 지용이를 잘못 알고 있었던 것 같다. 지용이가 별 생각 없이 공을 친다고만 여겼는데, 오늘 보니 그게 아니었다. 본인 나름대로 다 생각하고 공을 친 것이었다.

내가 내 기준으로 보는 '프리루틴'이라는 것을 너무 주입하려고 해서, 그런 것 없이 막 친다고 생각해 자꾸 이것저것을 시키고 있을 수도 있겠구나 싶었다.

홀컵을 향해 구르는 공

지용이는 오늘 칩샷이 홀컵에 들어갔다. 드디어 첫 버디를 한 순간이었다. 홀컵에 들어간 공을 확인하자마자 지용이는 깡충깡충 뛰면서 나에게 다가와 하이파이브를 했다. 아마 세상을 다 얻은 듯 기뻤을 것이다. 나도 큰 소리로 "나이스 샷!"을 외치며 축하해주었다. 사실 더 큰 상을 주고 싶은 마음이었지만, 5000원 용돈도 큰 선물이라고 생각하며 참았다.

우연이라고 하기엔 자주 했던 것 같다. 최근에도 칩인 파를 한 적이 있다. 혹시 지용이가 골프 영재? 아니, 너무 큰 기대는 하지 않기로 했다. 지용이는 골프장 간다고 좋아서 잠을 못 자고 설레고 하는 것은 전혀 없다. 아직은 아빠의 취미생활을 함께하는 정도로 생각하는 듯했다.

지용이가 골프에 입문한 지 벌써 1년이 되었다. 연습장 등록 기준으로 1년, 필드 경험으로는 3개월(9홀 다섯 번 정도)이다. 그래도 이 정도가 어디인가! 지용이와 이렇게 게임을 하고 있다는 것만으로도 너무나 행복하다.

1	2	3
4	5	6

20m 칩샷을 한 번에 성공하기!

골프에도 시기가 있다

골프에 흥미를 잃지 않게 해주기 위해 평상시 내가 혼자 필드에 나오는 횟수보다 더 자주 지용이와 같이 게임을 하고 있다. 여러 가지로 내 여건에서는 좀 무리를 하고 있는 것이지만, 지금이 아니면 시기를 놓칠 것 같은 마음에 투자를 하게 된다.

어쩌면 아이들에게 영어와 골프가 필요한 시기는 똑같은 것 같다. 영어 공부도 지금이 가장 좋은 시기라고 하고, 골프도 좋은 스윙을 몸에 익히기에는 지금이 가장 적기라고 생각하기 때문에 아깝지 않다.

단지 연습한 대로 실력이 조금씩 향상되었으면 하는 바람뿐이다. 영어 공부도 골프 연습도 처음에 어느 수준까지는 꾸준히 해놓아야 나중에 탄력을 받아 실력이 늘기 때문에, 시간을 내서 매일매일 연습해야 몸이 반응할 수 있다.

동생 지윤이도 조금 더 크면 아내와 같이 골프를 배우게 할 것이다. 그래서 앞으로 4~5년 후에는 우리 가족 모두가 골프 모임을 하는 날이 올 것이다. 지윤이는 아직 손에 힘이 없어서, 2년 후 5학년이 되면 골프를 시킬 생각이다. 약 1년 정도 레슨을 받으면 어느 정도 자세는 나올 테니, 주말에 같이 스크린 골프를 치면서 가족애를 돈독히 하면 얼마나 재미있을까 기대가 된다.

알아두면 쉬운
공의 비행 법칙(Ball Flight Laws)

공이 날아가는 궤적은 9개로 구분된다. 스윙궤도가 목표물과의 평행선의 안쪽에서 바깥쪽으로 클럽이 지나가는 스윙을 인아웃(in to out) 스윙이라고 하는데, 클럽헤드에 어떻게(Open, Square, Close) 맞는가에 따라 푸시 훅(Push Hook), 훅(Hook), 풀 훅(Pull Hook)이 발생한다.

목표물과 평행하게 클럽이 지나가는 스윙을 인투인(in to in) 스윙이라 하고 푸시(Push), 스트레이트(Straight), 풀(Pull)이 발생한다.

다음으로 평행선 바깥쪽에서 안쪽으로 들어오는 아웃인(out to in) 스윙은 푸시 슬라이스(Push Slice), 슬라이스(Slice), 풀 슬라이스(Pull Slice)의 세 형태의 비행 법칙이 있다.

스윙궤도 클럽페이스	in to out	in to in	out to in
Open	③ Push Hook	② Push	① Push Slice
Square	⑥ Hook	⑤ Straight	④ Slice
Close	⑨ Pull Hook	⑧ Pull	⑦ Pull Slice

스윙궤도와 클럽페이스의 상관관계에 따른 공의 비행 법칙

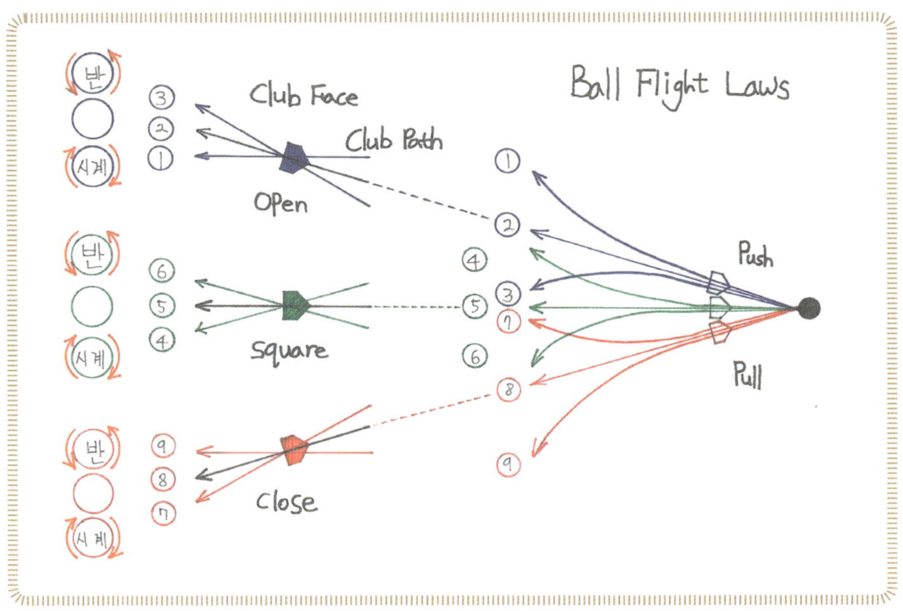

공의 비행 법칙

　스윙패스(Swing Path)에 직각을 기준으로 공이 클럽헤드가 닫혀(Close) 맞게
되면 왼쪽으로 당겨지는 훅(Hook)성 구질이 나오게 된다. 또한 클럽헤드가 열
려(Open) 맞게 되면 오른쪽으로 밀리는 슬라이스(Slice)가 발생한다.

In to Out 스윙

목표지점과 평행하게 스윙을 할 수 있다면 가장 이상적인 스윙이 될 것이다. 그렇지만 몸이 회전하면서 스윙이 되는 것이므로 평행하게 공을 맞추고 지나가는 타이밍을 잡는 것이 여간 어려운 일이 아니다.

아마추어들은 대개 목표지점과 평행한 선상의 안쪽에서 바깥쪽으로 내던지는 스윙을 선호한다. 푸시 훅(Push Hook)성 구질은 드로우(Draw) 구질로, 공이 출발은 살짝 바깥으로 날아가지만 중간 이후부터는 안쪽으로 들어오면서 런(Run)이 많이 생겨, 거리가 다른 구질보다 멀리 가기 때문이다.

in to out 스윙궤도

목표 방향보다
안쪽에서 바깥쪽으로

◆ 공을 기준으로 목표방향보다 클럽헤드를 몸에 가깝게 다운스윙을 시작하여 몸의 바깥쪽으로 점점 멀어지게 하는 스윙.

◆ 정상적인 스윙을 했다면 끝에서 공이 왼쪽으로 살짝 휘어지는 드로우 구질을 구사할 수 있다.

◆ 다른 구질에 비해 비거리가 많이 나가는 장점이 있다.

In to In 스윙

　가장 좋은 스윙의 궤도로서, 목표지점과 평행하게 클럽이 지나가는 것이다. 임팩트 존을 최대한 길게 가질 수 있기 때문에 공이 똑바로 날아갈 수 있다.

　늦은 나이에 골프를 시작하게 되면 스윙 아크(Arc)가 작기 때문에 멋있는 스윙폼을 갖기는 어려울 수 있으므로, In to In 스윙이 유리할 수 있다. 좀 더 연습해서 싱글의 반열에 올라보자.

in to in 스윙궤도

◆　공을 기준으로 목표방향보다 클럽헤드를 몸에 가깝게 다운스윙을 시작하여 공 임팩트 후에는 다시 몸의 안쪽으로 감아주는 스윙.

◆　정상적인 스윙을 했다면 끝에서 공이 똑바로 날아가는 스트레이트 구질을 구사할 수 있다.

**목표 방향의
안쪽에서 안쪽으로**

Out to In 스윙

초보자들에게는 가장 안 좋은 스윙 모델로, 흔히 "엎어 친다"고 말한다. 다운 스윙의 시작은 하체 리드(lead)와 동시에 팔이 아래로 떨어지면서 시작되는 것인데, 어깨의 회전이 먼저 시작되면서 스윙궤도가 바깥(Out)에서 안쪽(In)으로 당겨 치는 스윙이다.

악성 훅(Pull Hook)이나 슬라이스(Slice)의 원인이 될 수 있으나 상급자들은 페이드(Fade)를 구사하기 위해 의도적인 샷을 하는 경우도 있다.

out to in 스윙궤도

목표 방향보다
바깥쪽에서 안쪽으로

◆ 공을 기준으로 목표방향보다 클럽헤드가 몸의 바깥쪽에서 다운스윙을 시작하여 몸의 안쪽으로 들어오는 스윙 방법.
◆ 정상적인 스윙을 했다면 끝에서 공이 오른쪽으로 살짝 휘어지는 페이드 구질을 구사할 수 있다.
◆ 초보자들의 악성 슬라이스의 원인이 되기도 한다.

필드에서는
단 한 번의 기회뿐!

03　　　드디어 기다리던 토요일이 왔다. 날씨가 좋아도 이렇게 좋을 수 있을까? 온도는 오전에 10도 내외, 오후에는 17도 내외. 하늘도 맑고 공기도 상쾌한 날이다. 그래도 아직은 선선한 날씨인데 반바지 차림을 한 성급한 사람들도 제법 눈에 띄었다.

날씨가 좋아 사람이 많으리라는 건 짐작하고 있었지만, 골프장에 예약 확인을 해보니 이미 시즌이 시작된 것인지 토요일, 일요일 오전은 꽉 찼다고 했다. 그러나 다행히 늦은 오후 3시 이후에는 예약자가 별로 없었다. 그래서 일단 오후 3시 34분 티업 시간을 잡아놓았다.

오늘은 아빠가 쉽게 무너지지 않을 거다!

집에서 약간의 휴식시간을 갖고 점심식사를 한 후 2시쯤 집을 나섰다. 그 골프장은 지난번에 지용이가 대승을 거둔 곳이다. 그렇지만 지용아, 오늘은 아빠가 쉽게 무너지지 않을 거다!

오후에는 날씨가 너무 좋고 화창해서 반바지에 반팔 차림으로 시원하게 골프를 시작했다. 지용이는 오늘도 최소한 3홀 이상 이길 거라면서 아빠를 약올리기까지 했다.

모든 샷이 다 중요하지만, 그 중에서도 첫 티샷이 가장 중요한 것 같다. 그만큼 제일 어려운 것인 듯하다. 나는 또 악성 훅이 나왔고, 지용이는 하늘 높이 솟는 뽕샷이 나왔다. 지용이는 아직 자신에게 맞는 티 높이를 잘 모르기 때문에 그럴 것이다. 그렇다면 나는 왜 들쭉날쭉할까? 알 수가 없다.

나의 레슨으로 스윙이 좋아진 걸까?

오늘의 룰은 레드 티 티샷, 그리고 러프에 들어간 공만 무벌타로 페어웨이로 옮겨주는 것이었다. 무분별한 멀리건은 없는 것으로 했다. 필드에서는 한 자리에서 단 한 번만 공을 치는 것이라는 점을 알게 하고 싶었다. 물론 퍼팅에서는 너무 야박하게 하지는 않았다. 그래도 이 정도만 하더라도 처음보다는 상당히 타이트해진 게임이다.

첫 홀이 끝나고 두 번째 홀부터 지용이는 날기 시작했다. 드라이버, 우드, 아이언, 어프로치가 내가 생각한 거리만큼, 아니 그 이상 날아갔다. 드라이버는 레드 티에서 치긴 했지만 나보다 20~30m 정도 더 나가 있었으니, 화이트 티와의 거리를 감안해도 150~180m 정도 거리는 뽑아내는 듯했다.

그 덕에 나는 2홀부터 5홀까지 4홀 중에서 3홀이나 승리를 내줘야 했다. 내가 탑볼에 러프에 벙커를 왔다 갔다 하는 동안 지용이는 차분히 그린에 온시키며 나의 정신을 몽롱하게 만들었다.

티 높이는 신발 새끼발가락 부분을 기준!

아빠보다 30m 앞에 있는 지용 프로의 공

"혹시 나의 레슨 때문에 지용이 스윙이 갑자기 좋아진 것일까?" 하는 기분 좋은 생각이 들었다. 며칠 전 지용이의 스윙 사진을 보면서 알게 된 몇 가지 잘못된 점을 짚어주면서 오늘 신경 쓰도록 했던 것이다.

첫째, 어드레스 시 그립의 끝을 잡고 볼과 몸을 조금만 멀게 서기. 둘째, 백스윙 시 하체의 움직임을 고정하라는 의미로 신발이 움직이지 않게 하기. 셋째, 임팩트 후 팔로윙할 때 두 팔을 곧게 펴기. 넷째, 드라이버 공의 위치는 왼발 뒤꿈치 선상에, 티의 높이는 신발에 손가락이 닿는 높이로(대략 3cm, 하늘로 솟는 뽕샷이 많이 나오기 때문에 조금 낮게 꽂도록 했다).

이렇게 매 홀마다, 매 샷을 할 때마다 이야기를 해주었다. 너무 많은 것을 주문한 것 같기도 하지만, 사실 그냥 스윙궤도만 이야기해준 것이다. 아직 트러블 샷에 대해서는 쳐본 적도 없고 이야기한 적도 없다. 한국의 산악형 골프장에서 필요한 고난도의 기술 골프는 언젠가 지용이 스스로 배우기를 원할 때가 있을 것이기 때문에 아직은 얘기해주고 싶지 않다. 이참에 나도 티칭프로에 도전해서, 그때를 위해 준비해놓을까?

아직은 그냥 아빠와 하는 놀이

그린까지 오는 것 그 자체가 힘든 일이기 때문에, 가장 어렵다는 퍼팅도 지용이에게는 쉬울 것이다. 일단 보이는 곳으로 굴리는 것이니까 완전히 오른쪽, 왼쪽으로 가지는 않을 것이다.

공의 위치, 스트로크 자세, 거리감 익히는 방법, 라이 보는 법 등을 알려주기는 했지만 그것을 적용하기까지는 아직 무리인 듯했다. 섬세한 퍼팅을 위해서는 장갑을 벗었으면 싶지만 어쩔 수 없었다. 우선 지용이는 손발에 땀이 많이 나는 체질이어서 장갑이 땀에 젖어 벗기가 쉽지 않고, 둘째로 지용이는 아직 급한 게 없다. 뒤에서 누가 따라와도 천천히 걷고, 연습 스윙 몇 번 하고, 어드레스했다가 다시 풀고……. 아직은 그냥 아빠와 하는 놀이인 것이다.

만약에 장갑을 벗고 신중하게 하도록 시키면 그린 위에서의 시간은 두 배로 늘어날 것이다. 그럼 나는 더욱더 초조해져서 지용이를 또 다그칠 것이다. 빨리 치고, 대충 치고 다음 홀로 가야 하니까. 그래서 장갑까지 벗고 하는 섬세한 퍼팅은 필드가 조금 더 익숙해지면 주문하기로 했다.

지용이는 볼마커를 바닥에 놓고 공을 집는 것까지는 좋은데, 그 행동의 의미는 아직 잘 모르고 있다. 공을 닦고 라이에 맞게 내가 보내고자 하는 방향으로 공의 라인을 맞추어놓아야 하는데, 그냥 공을 집었다가 다시 내려놓고 방향을 보는 척 흉내만 낸 후 그럴싸한 어드레스를 취한다. 아빠의 잔소리를 피하기 위한 적당한 행동이지만 나는 그런 지용이가 아직은 귀엽다.

지용이의 멋진 자세를 위해 아빠는 공부 중

나는 언제부터인가 골프 채널에서 배운 3, 6, 9 퍼팅을 몸에 익히고 실천하고 있었다. 그래서 지용이에게도 3m 보내기 위해서는 10cm 당기고 20cm 보내는 스윙을 말해주었다. 사람마다, 그린마다 4m 또는 5m일 수는 있겠지만 자기만의 기준이 생긴다면 충분히 응용이 가능할 것이다. 겨드랑이와 팔꿈치를 몸에 붙이고 스트로크하도록 조금 더 연습시켜야 할 것 같다.

지용이는 파3에서 유난히 강하다. 실수가 없다. 공이 살짝 휘어지긴 했지만 한 번은 1온, 한 번은 2온에 성공했다. 처음 홀은 100m 거리였는데 멋지게 한 번에 그린에 올렸다. 자신감 때문일까? 아직 스윙은 오버스윙, 치킨윙이지만 공이 제대로 클럽페이스에 컨택되었다.

공의 위치가 왼쪽 눈 아래인데……

임팩트 순간에 손목의 꺾임 발생

상체가 빨리 열림

손목, 상체 고정이 필요

사진을 보면서 글을 쓰다 보니, 잘된 것보다는 뭔가 이상한 점을 찾게 된다. 나도 프로가 아닌데 내가 어떤 지적을 한다는 것이 과연 올바른 것일까 의문을 갖게 된다. 내가 혹시 잘못된 정보로, 거짓된 인터넷 자료로 지용이의 올바르게 변해가는 스윙 과정을 망치는 것은 아닌가 하는 걱정도 앞선다.

잘못된 습관이 굳어질까 봐 나는 요즘 자료를 찾고 최고의 멋진 프로들의 샷들을 유심히 살펴보고 있다. 요즘 최고의 주가를 올리고 있는 한국의 여자 프로 전인지, 박성현 등의 교과서 스윙과 파워풀한 안병훈, 왕정훈, 조던 스피스, 그리고 영원한 황제 타이거 우즈의 스윙을 가르치고 싶고 나도 그런 멋진 스윙폼을 갖고 싶다.

오늘은 게임 진행이 그다지 늦지는 않았던 것 같다. 지용이는 대체로 양호한 성적으로 그런까지 올라와서 3, 4퍼팅을 했다. 꼭 넣어야 한다는 생각으로 거리가 짧았고, 또 짧았기 때문에 다음 퍼팅은 길게 하였다.

아이들은 주변을 의식하지 않을 줄 알았는데 사람은 누구나 똑같은가 보다. 지용이는 오늘 샷할 때 사진을 찍지 말라고 했다. 아빠를 이겨야 하는데 신경이 쓰인다고. 그것만 봐도 주변을 의식하고 있는 것이다. 멘탈이 강해지는 방법에 대한 책을 사서 읽혀야겠다.

오늘 지용이의 9홀 스코어는 52타였다. 이 정도면 대만족이다. 좀 더 사실대로 적었다면 60타 정도 되었을 것이다. 그래도 훌륭했다. 드라이버, 우드, 아이언이 절반은 진짜 잘 맞았다. 지용이와 함께하면서 나의 실력도 늘길 바랐지만, 일단은 지용이의 성장하는 모습을 같이할 수 있다는 것만으로도 나에게는 엄청난 행복이다.

7번 아이언, 공의 위치는 중앙, 티의 높이는 5mm, 그런데… 그립이 엇박자

(왼손:위크/오른손:스트롱)

오버스윙에, 하체가 완전히 무너졌네… 이것이 스웨이라는 것인가? 다리를 잔디에 고정시켜야 하는데…

양 무릎이 벌어지다 보니 뭔가 좀 엉성한 모습.

이 정도 닭날개는 봐줄 만하지만, 그래도 두 팔을 쭈~욱 펴는 그날까지 강력한 정신교육~!

중요한 드라이버
티 높이

지용이는 어린이라서 그런지 몇 개월 배운 자세인데도 어깨 턴, 임팩트 시에 곧게 펴진 왼발의 벽이 만들어지는 어설픈 프로의 자세가 나온다. 어떻게 상체가 제자리에서 회전해서 스윙 후에 왼발이 고정된 채로 안정된 피니시를 할 수 있는지 그저 부러울 따름이다.

드라이버 거리도 많이 늘어, 제대로 맞으면 170m 정도 날아간다. 그런데 그렇게 맞을 확률이 열 번에 한 번 될까 말까다. 하늘로 솟는 스카이 샷(sky shot)이 자주 나온다. 클럽헤드 윗부분과 공의 중간 높이가 수평이 되게 티 높이를 꽂는 것이 일반적인데, 지용이는 스윙궤도가 좀 낮은 것인지, 스탠스를 잘못 선 것인지 공이 클럽헤드 상단에 맞아 공이 하늘 높이 올라가서 실제 비거리가 100m 정도도 안 되는 안 좋은 샷이 자주 연출된다.

그래서 나는 항상 지용이에게 자세를 좀 더 세우고, 티 높이를 낮게 꽂으라고 주문했다. 그러면 공이 제대로 맞고 날아가는 경우가 더 자주 있었다.

　드라이버 스윙에서는 티의 높이와 위치가 매우 중요하다. 골프게임 전체를 봤을 때 일반 아마추어들은 드라이버가 모든 클럽 중에 가장 중요하다. 처음부터 오비, 해저드, 바로 앞 100m 거리의 러프에 공이 빠진다면 좋은 세컨샷을 기대하기 어렵기 때문이다.

　18홀 중에서 열네 번의 드라이버 티샷을 하는데 그 중에서 2~3개만 오비가 나도 10타는 손해본 것이다. 결국에 그 홀은 아주 잘 치면 보기, 더블 보기가 될 것이다. 그렇다면 우리의 소망인 싱글은 커녕 보기 플레이도 불가능하게 된다.

티 꽂는 방법

　드라이버 어드레스는 보통 두 발을 모으고 그 중간의 수직선 상에 공이 위치하게 선다. 그리고 오른발을 적당한 거리로 벌리고 왼발을 2~3cm 오픈(Open)하여 팔로우를 편하게 할 수 있는 공간을 확보한다. 드라이버는 가장 큰 스윙을 하는 클럽이기 때문에 백스윙과 팔로우 스루가 제대로 끝까지 구사되어야 시원하게 쭉 뻗는 샷을 하늘로 날릴 수 있다.

　이때 티 높이는 3~5cm 정도가 일반적이며, 사람마다 선호하는 높이가 다 다르다. 아주 미묘하게 높이가 달라도 드라이버 비거리는 전혀 다른 결과를 가져온다. 그러니 항상 일관성 있는 티 높이를 꽂을 수 있도록 나름대로의 기준을 만들어 사용하면 좋다. 가령 색을 칠하거나 장신구를 달아놓거나, 아니면 플라스틱 티를 구입하는 것도 방법일 것이다.

티 높이로 드로우와 페이드를 구사할 수도 있다. "티 높이가 비거리와 탄도를 결정한다."는 말이 있다. 티를 높이 꽂으면 드로우 구질이, 낮게 꽂으면 페이드 구질이 나오므로 연습을 충분히 하여 실전에 적용한다면 스코어를 낮추는 데 도움이 될 것이다.

그리고 티의 기울기에 따라 구질을 변화시킬 수도 있다. 목표방향으로 기울게 꽂으면 낮은 탄도의 페이드, 반대방향으로 꽂으면 높은 탄도의 드로우 구질을 만들어낼 수 있다.

티잉 그라운드를 활용할 수도 있다. 자신이 페이드 구질이라면 오른쪽 티 근처에서 목표지점보다 약간 왼쪽 방향으로 샷을 하고, 드로우 구질이라면 왼쪽 티 근처에서 오른쪽을 겨냥하고 스윙을 하면 상황에 맞게 원하는 목표지점으로 공을 보낼 수 있을 것이다.

비, 바람의 영향을 고려하고 싶다면, 티를 낮게 꽂고 스윙을 하면 클럽페이스 하단에 공이 히팅(Hitting)되어 저탄도의 구질을 만들 수 있다. 간혹 팔의 힘으로 치는 파워 스윙을 하는 동반자 중에 항상 저탄도를 치는 사람을 자세히 보면, 티가 낮든지 임팩트 순간 상체 또는 어깨가 위로 올라가 있는 것을 볼 수 있다.

적당한 높이의 티

너무 높게 꽂은 티

아빠! 이제 나도
프로골퍼 같지 않아요?

04 　　오늘은 다시 겨울이 된 것같이 흐리고 바람도 제법 부는 추운 날씨였다. 지용이가 가보지 않은 다른 골프장에 가기로 했다. 집에서는 좀 멀리 떨어져 있는 곳으로, 영국 스코틀랜드의 'Links' 스타일의 상당히 이국적인 골프장이었다.

지용이는 익숙한 골프장으로 가기를 원했지만, 내가 다른 곳을 가보자고 했다. 다양한 경험을 위해서 필요하다고 설득했다. 사실은 내가 가보고 싶기도 했다.

오후 4시쯤 골프장에 도착하니 주차장에는 자동차가 몇 대 없었다. 아무리 늦은 오후라고 해도 너무 적어 조금 이상한 느낌을 가진 채 클럽하우스에 들어갔다. 직원이 그린에 구멍을 뚫어놨다고 하면서 백(Back) 코스를 이용해달라고 했다. 그럼 10홀부터 치면 되는 거냐고 물었더니 그러라는 대답. 이때까지만 해도 사태의 심각성을 잘 몰랐다.

첫 홀 그린에 도착한 순간 멘붕이었다. 모든 그린에 에어레이션(Air-ration)을 해서 제대로 퍼팅을 할 수가 없었다. 이런 불편을 감수하고 퍼팅을 해야 하는 나 자신에게 화가 났다. 집에 와서 인터넷을 찾아보니 이런 경우에는 그린피도 깎아준다고 하는데 제대로 항의도 못 한 것이 억울했다. 그리고 한편으로는 지용이한테 미안하기도 했다.

　이 골프장은 언젠가 TV에서 본 'The Open' 대회의 골프장처럼 페어웨이와 러프가 뒤죽박죽 섞여 있는 모습이었고, 굴곡 많고 벙커는 폭탄 맞은 듯 군데군데 자리를 잡고 있었다. 페어웨이는 굉장히 푹신푹신했다. 마치 잔디가 흙에서 분리되어 떠 있는 듯했다. 짧고 아직 생생한 푸른 잔디는 아니지만 매우 소프트해서 공을 치기에는 적당히 좋았다.

그린 위에 구멍이 뽕뽕, 에어레이션!

마치 영국 'The Open' 대회장에 온 것 같은 느낌

　지금의 그린 상태를 우리만 모르고 온 것이 아닌가 싶었다. 전후좌우 골프 치는 사람이 없었다.

아직 지용이와의 플레이에서 진정한 스코어 카드는 시기상조라고 생각했기 때문에, 우리는 회장님 골프를 치듯이 사진을 찍어가며, 레슨을 해가며, 그리고 인심 좋게 멀리건도 팍팍 주면서 여유롭게 홀을 진행했다.

오늘도 역시 간단한 레슨과 함께 시작했다. 나는 지용이에게 두 발의 간격은 너무 넓지 않게, 볼과 내 몸의 간격, 그립은 뉴트럴 그립, 얼리 콕킹하지 말고, 팔로우 때 두 팔을 쭉 펴기를 주문했다.

오늘 아침, 골프장에 오기 전에 지용이의 스윙 사진을 보여주고 요즘 최고의 인기를 누리고 있는 박성현 여자 프로의 시원한 드라이버 스윙 사진을 비교하여 설명해주었다. 아무래도 말로만 하는 것보다는 최고의 프로가 공을 치는 모습을 보여주는 것이 더 믿음을 줄 수 있을 거라 생각했다.

어드레스 시간이 길어진 지용

이론과 실제는 달랐다. 아주 살짝 바뀐 자세가 이상한지 어드레스 상태에서 계속 몸을 꼼지락꼼지락거렸다. 무릎, 엉덩이, 어깨, 그립, 고개, 그리고 긴 한숨까지……。

처음보다 요즘 들어 어드레스 시간이 길어졌다. 승부욕이 생겼는지 보다 긴장하는 모습이었다. 그런 지용이를 보니 두 가지 생각이 들었다. 우선 '내가 제대로 가르치고 있는 것일까?' 하는 생각. 그리고 다른 하나는 '타수를 돈으로 환산하는 습관을 들여놔서 안 좋은 것일까?' 라는 생각이었다.

아직은 시작 단계이지만 어쩌면 벌써 굳어진 자세일지도 모른다. 지용이도 본인이 편한 자세로 계속 바뀌어가고 있을 것이다. 며칠간 나의 잔소리와 필드 경험으로 스윙폼이 바뀌었을까? 몰래 몰래 사진을 찍었다. 신경이 쓰인다고 해서 연습 스윙 때 찍거나 슬쩍 동영상을 촬영했다.

아직도 그립은 왼손은 뉴트럴, 오른손은 스트롱 그립으로 엇박자이고, 오버 스윙으로 인한 하체의 스웨이, 다운스윙 시 두 무릎이 벌어지고 있었다. 오늘 저녁에는 다시 그립, 공의 간격 등에 대해 골프 레슨 동영상을 보여줘야겠다.

칩샷을 홀컵에 넣다

전체적인 플레이 내용은 이전과 다르지 않지만, 오늘 굉장한 일이 일어났다. 지용이가 칩샷을 홀컵에 넣은 것이다. 파5에서 파 온(Par On)을 시도하는데 그 샷이 홀컵으로 쏘~옥 들어갔다.

지용이는 홀인원이라며 좋아했다. 아직 정확한 골프 룰, 용어는 몰라도 한 번에 들어갔다며 기뻐서 난리였다. 운이라고 하기엔 너무 잘했다. 그 홀은 지용이의 승리였고, 아마 오랫동안 지용이의 기억에 남을 것이다.

이 골프장은 코스 길이가 긴 것이 또 다른 특징이다. 파4의 경우, 드라이버가 잘 맞아도 유틸리티나 롱아이언을 잡아야 하는 거리가 남는다. 그리고 기존의 골프장처럼 산을 깎아 만든 곳이 아니라 주로 평지에 있어서, 페어웨이는 평탄하고 시원하게 쭉 뻗어 있는 곳이 많다. 대신 정확하게 공을 치지 못하면 여지없이 깊은 러프로 들어간다.

나는 이런 미국식, 영국식의 골프장을 정직한 골프장이라고 말하고 싶다. 도그렉이라 하더라도 그린이 보이고, 페어웨이 중간을 가로지르는 도랑도 없다. 언덕을 맞추고 페어웨이로 내려오는 운도 기대할 수 없다. 쉬운 듯하면서도 어

칩샷이 들어간 후, 세상을 다 얻은 모습의 지용이

렵다. 아마 지용이는 이런 정직한 골프장이 산악형 골프장보다 더 쉽게 느껴질 수도 있다. 일단 앞이 보이니까.

힘들었던 전투의 흔적

매번 게임 후에는 고생한 지용이 클럽을 내가 물로 닦아놓는다. 그래야 다음에 힘들었던 전투의 흔적을 클럽에서 찾아볼 수 있기 때문이다.

오늘 지용이가 힘들게 한 클럽페이스를 자세히 살펴보았다. 역시나 초보자들에게 가장 어려운 드라이버는 페이스가 난장판이다. 페이스뿐만 아니라 공이 윗부분에도 많이 맞아서 자국이 선명하다. 티가 높은 것일까? 공의 위치가 중간일까? 몸과 공과의 간격이 너무 가까운가? 무릎을 너무 굽히고 쳤나? 등등 클럽 페이스를 보면 많은 생각을 하게 된다.

아이언과 샌드도 마찬가지다. 클럽의 모든 면적을 다 활용해서 공을 친 모습이다. 그러나 나도 아직 이 수준이니 별로 할 말은 없다. 나는 그저 지용이가 1~2년 내에 나보다 더 잘 쳐서 나를 가르쳐주었으면 좋겠다. 아빠의 욕심일까?

전투를 치른 장비의 모습

드라이버. 스윙궤도, 낮은 무릎, 공과 몸과의 간격, 티의 높이, 공의 위치, 그립…. 무슨 문제일까?

7번 아이언. 클럽헤드를 전체 다 활용하고 있는 지용 군!

샌드. 골프채가 아깝지는 않네. 여기저기 다 맞추고…. 100% 활용하고 있군.

6홀까지 지용이는 2홀을 이겼다. 이제 한 홀만 더 이기면 5000원에서 1만 원으로 상금이 두 배로 오른다. 기필고 이기려고 억지도 부린다. 그린에 온시킬 때까지 타수는 무시하고 퍼팅 개수로만 승부를 내려고도 하고, 본인이 여러 번 친 것은 다 멀리건이라고 우기기도 한다. 그러면서 자기는 프로란다. 골프 치면서 돈을 버니까. 생각해보니 맞는 얘기이기도 하다. 골프가 직업인 사람이 프로니까 말이다.

오늘은 지용이가 2홀 이기고, 2홀 동점을 했다. 마지막 홀을 힘겹게 마칠 수 있었다. 오늘 파5홀에서의 칩샷이 홀컵으로 들어간 것에 대해 지용이 자신도 자랑스러웠는지, 집에 오자마자 엄마한테 계속 상황을 설명하며 즐거워했다.

클럽별
비거리 알기

아빠인 내가 보기에 지용이의 스윙 자세는 나쁘지 않다. 약간 클럽헤드가 백스윙 탑에서 지면을 향하는 오버스윙을 하긴 하지만 전체적으로 균형잡힌 스윙이 보기 좋다.

스윙 연습은 평생토록 하는 것이니 앞으로 꾸준히 하면 될 것이고, 이제는 클럽별 비거리를 알아야 할 차례다. 내 거리를 알아야 실제 게임에서 거리에 맞는 클럽을 선택하고, 스윙의 크기를 조절할 줄 알게 되기 때문이다.

스크린 골프장 활용하기

클럽별 비거리를 알기 위해서는 스크린 골프장이 가장 좋은 것 같다. 요즘 광학센서 기술 발달로 내 스윙궤도에 대해 실제 필드에서의 거리, 방향 등 각종 스윙 데이터를 비교적 정확하게 읽어낸다고 한다.

일반 그물망 연습장을 이용하는 것도 좋지만 1~3층의 타석에서 20~30m 간격으로 표시되어 있는 거리단위는 어느 정도 연습된 성인의 경우는 눈대중이 가능하겠지만 아이들에게는 관심의 대상이 아니기 때문에, 지용이가 자신의 거리를 느끼기에는 스크린 골프장 화면에 나오는 숫자가 더 좋을 것이라 생각했다.

지용이는 드라이버와, 4번 우드, 4번 유틸리티, 7~9아이언, P, S, 퍼터로 구성된 골프세트를 가지고 있다. 스크린 골프장 사장님께 30분 정도 연습시간을 부탁드렸다. 영업을 하는 곳이기에 사실 그것도 엄청난 배려를 해주신 것이다.

모든 클럽을 대여섯 번씩 스윙 연습을 했다. 제각각 방향으로 흩어지는 공이지만 대략의 거리를 가늠할 수는 있었다. 드라이버는 150~170m, 4번 우드 130m, 4번 유틸리티 110m, 7번 아이언 100m, 8번 아이언 90m, 9번 아이언 80m, P(피칭) 70m, S(샌드) 60m 정도로 단순화시키면 될 것 같다.

아직 지용이는 레이디 티에서 공을 치기 때문에 실제 파4홀의 코스 길이는 250~300m 사이일 것이다. 드라이버 거리가 150m이면 2온이 가능한 거리다. 내 생각엔 지금도 보통의 여성 골퍼보다 더 힘있게 멀리 공을 치는 것 같다.

간결하고 안정돼 보이는 팔로우 모습   거리감 익히기에 집중하는 지용이

인도어(그물망) 연습장

스크린에서 대략의 내 거리를 알았다고 하더라도, 나중에는 반드시 그물망에서 연습을 해야 한다. 숫자로 본 거리와 내가 눈으로 본 거리가 일치해야 내 몸이 반응해서 그 거리를 보낼 수 있기 때문이다.

시즌이 되면 인도어 연습장을 찾는 사람들이 많아진다. 지용이는 아빠와 함께 연습장에 갈 수 있으니 주말 휴일에만 연습을 할 수 있다. 사람이 없는 시간으로 새벽, 밤늦게 가고 싶었으나 프로선수로 키울 것도 아닌데 그렇게까지 피곤하게 해서 골프를 시켜야 하나 하는 마음이 들었다. 아침 7시 또는 10시 정도에 연습장에 가면 1층은 표를 뽑고 기다려야 하고 2층은 서로 떨어진 자리만 있고, 3층에도 타석의 위치가 안 좋은 양쪽 가장자리 정도만 자리가 있곤 했다. 그래도 지용이의 안전을 위해 서로 떨어져서 연습할 수가 없기 때문에 어쩔 수 없이 구석자리를 선택할 수밖에 없었다.

지용이가 처음 연습장에 갔을 때가 생각난다. 3층에서 아래를 내려다보더니 무섭다면서 스윙을 제대로 하지 못했다. 그리고 골프클럽이 손에서 빠져서 날아갈 것 같다고 풀스윙을 꺼려했다. 하긴 나도 문득 스윙하다 중심을 잃어 아래로 떨어질 수도 있겠다는 생각이 들곤 했다.

연습장 바닥 또는 양옆 기둥, 정면 중간·상단에 보면 거리가 적혀 있다. 연습장마다 사용단위가 M(미터)과 Y(야드)로 다르다. 100m = 110y이므로 거리계산할 때 알고 있으면 좋다.

나는 지용이에게 스윙 후에 공이 페어웨이에 떨어져서 멈춰설 때까지 피니시를 유지하고 공을 쳐다보고 있으라고 했다. 내 거리도 알고 멋진 자세를 만들기 위해 필요하기 때문이다.

아빠 골프화를 신고
열심히 연습 중

거리표시를 보고
나의 비거리를 확인하자!

건담을
사기 위한
골프 경쟁

4 154~185

골프에 대한
지용이의 노력

01

　　어찌된 것이 2, 3월보다 4, 5월이 더 추운 것 같다. 이것도 기후 변화에 따른 피해일 것이다. 한동안 비오고 추운 날씨가 계속돼서 지용이와 골프장에 간 지도 오래되었다. 비록 뒤땅과 탑볼을 치는 실력이라도 자주 경험을 쌓게 해주고 싶은데 날씨가 허락되지 않아 안타까웠다.

　　오랜만에 주말 날씨가 좋아서 오후 5시가 넘은 늦은 시간에 지용이가 좋아하는 골프장으로 향했다. 사람이 많으면 연습하면서 게임을 진행할 수 없기 때문에 좀 늦은 시간이 좋을 거라 생각했다. 그러나 예상 외로 평상시보다 많은 사람들이 와 있었다. 다른 사람들도 나와 같은 생각을 했나 보다. 이런 좋은 날씨에 집에서 시간을 보내기는 아까웠을 것이다. 밖에 나와서 무엇이라도 하고 싶었을 테니까.

　　나는 잠시 고민하다가 아쉬움을 뒤로 하고 인근의 연습장으로 발길을 돌렸다.

신발을 갈아 신는 동안에도 장난치는 지용

의젓하게 웃음을 참으며 한 컷!

실은 아빠도 헷갈려!

우리가 도착한 연습장은 골프장에서 5분 정도 떨어진 곳이었는데 제법 큰 규모를 갖추고 있었다. 어림잡아도 좌우 200m, 길이 300m 정도는 되어 보였다. 공은 약 100개 정도 담겨 있는 바구니가 8000원이었다. 2개 바구니를 사서 타석으로 갔다.

시원하게 탁 트인 연습장이어서인지 마음껏 공을 치고 싶은 마음이 절로 들었다. 지용이도 그런 모양이었다. 성의 없는 준비운동을 마친 후 바로 어드레스를 취했다. 결과는 땅볼이었다.

나는 지용이에게 빈스윙 4~5회 연습 후 공을 치라고 주문했다. 골프 코치가 아닌 아빠가 이런저런 얘기를 해서 그런지 별로 귀담아듣지도 않았다. 대충 한 두 번 클럽을 휘두른 후 바로 공을 쳤다.

사실 정확한 공의 위치도 잘 모르는 내가 지용이를 가르친다는 것은 무리가 있다. 책을 보고 유명 강사의 동영상 레슨을 봐도 골프의 기본이라고 생각되는 그립 잡는 법, 클럽별 공 위치가 제각각이다.

그냥 내가 보기에 적당한 내용으로 알려주고 따라 하도록 하고 싶지만, 나도 아직 타이거 우즈, 조던 스피스, 안병훈, 박상현 선수 등 누구의 스윙을 롤모델로 삼아야 할지 모르기 때문에 지용이에게 확실하게 이렇게 해라, 저렇게 해라를 못 하고 있다.

다만, 클럽의 최저점은 몸의 중앙을 지날 때라는 생각으로 아이언, 웨지의 경우 공의 위치는 중간, 우드나 유틸리티는 약간 오른쪽에 놓고 연습을 시켰다. 사실 공의 위치도 중요하지만, 인조 매트가 아닌 천연 잔디 위에서 공의 터치감을 느껴보는 것도 분명 연습 효과가 있었을 것이다.

자세 고치기

공의 위치를 사진으로 찍으려고 하다가 지용이의 견고하지 못하고 엉성한 그립이 보였다. 게다가 왼손은 위크 그립, 오른손은 스트롱 그립으로 어긋난 그립을 잡고 있었다. 예전부터 나는 그립의 중요성을 얘기하곤 했는데, 지용이는 그 말이 이제야 기억났는지 왼손 등이 보이게끔 스트롱 그립으로 슬쩍 고쳐 잡았다.

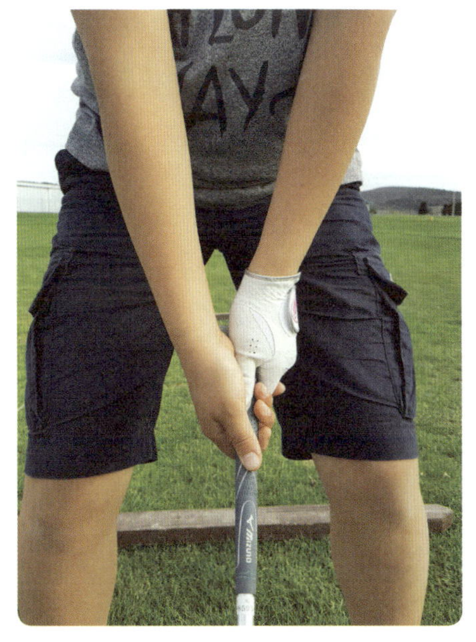

평상시 그립   아빠에게 혼날까 봐 슬쩍 바꾼 그립

 지용이는 어드레스할 때 무릎을 조금 많이 굽히고 볼과 몸의 간격이 약간 좁은 편이다. 또한 그립을 너무 짧게 잡는 경향이 있다. 그러다 보니 클럽의 토우 부분이 항상 들려 있다.

 드라이버를 칠 때도 몸의 간격이 좁다 보니 클럽헤드가 볼의 아래로 깊게 파고 들어가서 하늘로 솟는 뽕샷이 많이 연출된다. 우드나 아이언은 심한 뒤땅으로 거리가 10~20m 수준으로 굴러가는 일이 자주 연출되곤 한다.

 구질은 거의 당겨지는 훅(hook), 풀 훅(Pull hook)성이다. 아마도 볼이 몸과 가까우니까 공을 맞추기 위해 허리가 휘어지며 클럽을 당기면서 임팩트 순간에는 퍼 올리려고 하거나 어깨가 먼저 들어오는 'out-to-in' 스윙을 하고 있는지도 모르겠다. 다시 한 번 스윙궤도를 자세히 살펴봐야겠다.

처음 배울 때 키에 비해서 클럽 길이가 길어서 짧게 잡고 치도록 배운 듯하다. 그러다 보니 자연스레 공과 몸과의 거리도 점점 가까워졌을 것이라 짐작되었다. 나는 이것을 고쳐주고 싶었다. 그래서 항상 어드레스 후 뒤로 5cm 멀리 서고 그립은 맨끝, 그리고 손목은 너무 꺾지 말기를 강조했다.

모래놀이처럼 마냥 즐거워하며 계속 뒤땅

벙커샷을 연습할 수 있는 연습장은 상당히 드물다. 필드에서 자주 연습을 해야 하는데 그럴 기회가 적다 보니 볼이 벙커에 빠지면 2타, 3타를 잃는 경우가 허다하다. 사실 벙커는 공포이고 멘붕이다.

좋은 연습의 기회라 생각하고 벙커에 들어가는 순간, 실망하고 말았다. 너무 딱딱했다. 최근에 비가 많이 와서 모래가 굳어 있었다. 이건 벙커샷이 아니고 맨땅에서 치는 듯했다. 그래도 모처럼의 연습이라 공 몇 개를 치기로 했다.

나는 벙커샷에서 가장 중요한 것이 볼의 위치라고 생각한다. 그런데 레슨 프로들마다 공의 위치가 다르다. 어떤 사람은 중간, 어떤 사람은 왼쪽, 또 오른쪽……

나는 볼을 중간에 놓고 치도록 했다. 그리고 10m 날아가기 위해서는 공 뒤 5cm 지점을 3/5스윙하라고 알려주었다. 그러면 자연스럽게 모래와 함께 공이 날아간다고. 20m를 보내기 위해서는 같은 지점(공 뒤 5cm)을 4/5스윙하라고 일러주었다. 클럽페이스의 방향과 나의 스탠스 방향이 약간 다르다고 이야기하고, 레슨 방송처럼 모래에 줄을 그어가며 설명했으나……

지용이는 모래놀이처럼 마냥 즐거워하며 계속 뒤땅을 쳤다. 오늘 연습은 여기까지 하고 다음을 기약해야겠다.

벙커샷 연습장이 있긴 하지만, 관리가 제대로 안 되어 모래가 굳어 있다. 클럽이 모래에 파묻히지 않고 그냥 미끄러지듯 쓸고 나오기 때문에, 세게 치면 토핑성 타구로 홈런이 된다. 그래도 아랑곳하지 않고, 모래를 파서 부드럽게 만든 후 스윙 연습 중인 지용.

벙커에서는 10m를 날려 보내기 위해서, 공 뒤 5cm를 3/5스윙 크기로 리딩에지가 아닌 클럽 하단의 바운스를 이용하고 있다.

모래가 굳어 있어서 클럽헤드가 모래를 파고 들어가지 못하고 공을 직접 때린 듯이 낮은 탄도로 공이 벙커를 탈출하고 있다.

숏게임
잘하기

골프를 몇 번 쳐본 사람들은 하나같이 숏게임의 중요성을 강조한다. 40~50m 이내의 가까운 곳에서 뒤땅, 토핑으로 두 번, 세 번 공을 쳐서 그린에 올라가면 이미 멘붕이 된다.

참고도서를 쌓아놓고
고민 중…

나는 지용이에게 올바른 숏게임 방법과 그린 주변에서의 실수로 그 게임 자체를 포기하지 않는 멘탈을 갖게 하기 위해 어떻게 알려주면 될까 고민하게 되었다. 《Think Like Tiger》(John Andrisani), 《How I Play Golf》(Tiger Woods), 《Dave Pelz's Short Game Bible》(Dave Pelz) 등의 외국 원서를 들춰보기도 했다.

결론은 단순화였다. 골프를 직업으로 하는 최정상의 프로를 꿈꾸는 주니어 선수들에게는 골프를 이론적으로 분석하여 엄청난 연습과 노력으로 몸에 익힐 수 있는 방법이 있겠으나, 나조차도 쉽게 적용하지 못할 다양한 방법을 어린 지용이에게 알려준다는 것은 아무런 의미 없는 일이라 생각했다.

나는 지용이에게 샌드클럽을 사용하고 공의 위치는 중간에 두도록 가르쳐주었다. 뒤땅이 많이 나는 초보자들은 약간 오른쪽에 두고 치는 것이 좋을 수도 있다. 그리고 스윙 크기별 날아가는 거리를 대략의 숫자로 알려주었다. 20m 이내는 1/4스윙, 30m 전후는 1/2스윙, 40m 전후는 3/4스윙, 50~60m는 풀스윙으로 알려주고 연습을 시켰다.

스크린 골프장에 가서 거리 연습 후, 실제로 게임을 하다 보니 조금 더 세밀한 거리가 필요했다. 10m 단위로 연습을 해야 게임에 적용할 수 있어서 다시 새로운 방법을 알려주었다. 평상시 내가 연습하는 방법인데 지용이의 거리를 감안해서 적용했다.

팔이 움직이는 크기를 기준으로 오른쪽 무릎을 향하면 10m, 허벅지 20m, 허리 30m, 가슴 40m, 풀스윙 50m로 거리를 연습시켰다. 스탠스 간격은 10m일 때는 왼발을 비스듬히 반 발짝 뒤로 빼고 10cm 벌리고, 20m일 때는 20cm, 30m

이상일 때는 평상시 양발 사이를 유지하고 스윙 연습을 시켰다.

처음에는 공의 컨택이 잘 되지 않았다. 아무래도 스탠스가 달라지니까 조금 이상했는가 보다. 그렇지만 워낙 짧은 클럽이고 스탠스도 좁기 때문에 10분 내외가 지나자 공을 맞추기 시작했다. 그런데 거리는 제각각이었다. 스윙 크기가 작을수록 힘 조절을 잘 하지 못했다.

20m 스윙 크기❶ (팔: 허벅지)

20m 스윙 크기❷ (팔: 허리)

30m 스윙 크기❶ (팔: 허리)

30m 스윙 크기❷ (팔: 가슴)

아직 지용이처럼 어프로치, 칩샷의 거리감이 부족한 초보 골퍼는 그물망 연습장 1층에서 거리에 맞는 스윙을 단계별로 연습할 필요가 있다. 실제로 나의 스윙 크기에 맞는 거리를 눈으로 확인해가며 하루에 20분씩 3~4일만 투자하면 어느 정도 익숙해질 수 있다.

그린 주변에서 탑볼이나 뒤땅을 쳐서 그린 이쪽저쪽을 왔다 갔다 하는 초보자가 많다. 이런 냉탕 온탕을 계속 반복하면 골프가 재미없어진다. 스크린 골프장이나 그물망 연습장에서 나만의 거리감을 만들어보자. 그리고 다음 실전모임에서 향상된 나의 실력을 동반자에게 뽐내보자!

아빠 선글라스는
내 것

02

오랜만에 정말 화창한 날씨였다. 오히려 약간은 덥게 느껴질 정도의 상쾌한 기온(25~27°)이었다.

한 달 만에 필드에 나갔다. 4월의 날씨가 너무 춥고 비도 많이 오는 바람에 열심히 학업에만 정진한 나머지, 지용이의 골프 감각은 이미 사라졌겠거니 생각했다. 엊그제 연습장에서의 상황으로 미루어 짐작할 수 있었다.

오늘도 역시 지용이가 좋아하는 굴곡 없이 평탄한 골프장을 선택했다. 지용이는 다른 골프장보다 이곳이 쉽다고 한다. 그런데 사실을 그렇지 않다. 이 골프장은 프로대회가 열리는 곳으로, 공이 약간만 휘어져 양쪽 러프로 들어가버리면 레이아웃을 할 수밖에 없어 무조건 한 타를 손해 보는 곳이다. 드라이버, 아이언 등 모든 샷이 똑바로 날아가야 다음 샷을 할 수 있는 정직한 골프장이다.

어쩌면 이렇게 하늘이 높고 선명할까?

페어웨이는 너무 평탄하다. 굴곡이 별로 없어서 언뜻 보면 쉬워 보일 수 있지만, 내가 보기엔 여느 다른 골프장보다 훨씬 어렵다. 실수에 대한 보상을 받기가 어렵다. 공이 휘어져 가더라도 양쪽 경사면에 맞고 내려온다든지, 걸려 있다든지 하는 운을 전혀 기대할 수 없기 때문이다.

에이밍의 중요성

오늘 나는 지용이에게 드라이버 티를 조금 낮게 꽂고, 스탠스는 멀리, 무릎 및 상체는 약간 일어선 듯 허리를 펴도록 주문했다. 그리고 에이밍(Aiming)을 계속 오른쪽으로 서고 있어서, 목표점과 클럽페이스 그리고 나의 스탠스가 평행하도록 해야 하는 것을 강조했다. 똑같은 상태에서 우드는 공을 중앙에서 약간 왼쪽으로 놓으라고 알려주었다.

어색한 어드레스

완전 긴장, 아빠의 레슨 시작

첫 번째 홀에서 지용이는 80m 정도의 어프로치를 두 번이나 나뭇가지를 맞춰서, 20m 정도씩 끊어 세 번에 그린에 올렸다. 간신히 홀을 마치고 두 번째 홀로 갔는데, 지용이는 자꾸 사진을 찍지 못하게 했다. 아빠는 아들의 다양한 스윙 모습을 사진에 담아 기록으로 남기고 싶건만, 지용이는 신경이 쓰인다며 사진 찍는 것을 극구 거부했다. 아쉽지만 동영상 촬영으로 대신했다. 핸드폰을 티에 살짝 기대어 세워놓고 나는 카트에 타고 있었다.

우선, 드라이버 티의 높이를 조금 낮게 꽂았다. 전에는 높게 꽂았는데 드라이버가 공 아래로 파고 들어가듯 맞아서 하늘로 솟는 스카이 샷이 자주 나오곤 했다. 오늘은 그런 공이 없었다. 역시 스윙궤도에 맞는 티의 높이가 중요하다는 것을 새삼 느꼈다.

오늘따라 유난히 화이트 티를 블루 티 가까이로 제법 멀게 해놓았다. 레드 티하고는 보통 50~60m 이상 차이 나 보였다. 파3도 160m, 175m 거리에 있었다. 레드 티는 약 110~130m 전후에 있어서 지용이는 우드로 그린 옆에 잘 갖다 붙이곤 했다.

내가 잘 가르친 덕분인지, 오늘 지용이의 우드샷은 100점이었다. 오히려 드라이버보다 멀리 나간 듯했다. 어림잡아 150m는 날려 보낸 것 같았다. 내가 가지고 있는 GPS측정기의 거리가 오르막 130m였는데, 그린을 지나쳐 뒤의 러프까지 공이 날아가곤 했다.

아들에게 선글라스를 양보하고

날씨가 너무 맑은 탓인지 햇살에 눈이 부셔 공이 날아가는 모습을 보기 위해서는 눈을 찡그려야 했다. 지용이는 자기 선글라스를 쓰면 공이 선명하게 보이지 않는다면서 내 선글라스에 눈독을 들였다.

"자식! 눈은 높아서……."

내 선글라스는 유명 메이커의 골프 전용 글라스여서 초록색이 더 선명하게 보이는 렌즈다. 아들을 위해 어쩔 수 없이 나의 선글라스를 양보했다…….

무릎, 허리를 약간씩 펴고 두 발을 지면에 단단히 고정시킨 후 스윙을 하도록 했다. 항상 똑같은 얘기지만 얼리 콕킹하지 말고 어드레스 상태 그대로 백스윙을 시작하도록 주문했다.

스윙이 한결 간결해 보였다. 단, 아직도 오버스윙은 고쳐지지 않았다. 백스윙 탑이 타깃을 가르키지 않고 완전히 지면을 향해 있었다. 손목이 많이 꺾인다는 얘기인데, 정면의 카메라에서는 확인하기 힘들었다. 다음에는 뒷모습을 촬영해서 손목의 변화를 자세히 살펴봐야겠다.

임팩트 순간에도 안정된 자세를 취하고 있었고 팔로우 스루에서도 두 팔이 쭉 펴진 상태로 치킨윙의 모습은 찾아볼 수 없었다. 공이 하늘로 똑바로 날아가는 모습을 보니 지용이 스스로도 기분이 엄청 좋은 듯했다. 제자리에서 펄쩍펄쩍 뛰며 하이파이브를 했다.

사실 나는 오늘 지용이에게 경사면에서 공을 치는 방법을 알려주고 싶었다. 발끝 오르막·내리막, 왼발 오르막·내리막에 대해서 공부를 해 왔기 때문이다. 그런데 레슨할 시간도 없었을뿐더러 이 골프장은 그런 라이가 거의 없었다. 그냥 정직하게 거의 수평이고 양옆은 러프에 엄청나게 큰 나무들이 줄지어 심어져 있다. 다음번에는 산속의 경사가 심한 골프장을 찾아봐야겠다.

지용이는 오늘도 3홀을 이겼다. 내가 못 친 것일까? 아니면 지용이가 내 생각보다 잘 치는 것일까? 나는 드라이버가 계속 살짝 열려 맞았다. 똑바로 가지 않는다는 것이다. 그런데 유틸리티나 롱아이언은 계속 훅이었다. 페어웨이를 지키는 일이 거의 없었다. 내가 잘 쳐야 지용이에게 해줄 말이 있는데……. 그래도 필드 경험을 쌓아주고 있으니까, 그것으로 위안을 삼는다.

언제나 여유로운 지용이

점심식사하고 한참 후 골프장에 왔기 때문에 지용이의 간식을 챙겨 왔다. 로맨티스트인 지용이는 항상 여유롭다. 느긋이 필드를 걸어 다니며 골프장에서 하늘을 볼 줄 아는 지용이가 행복해 보였다.

오늘의 스코어는 52타로, 지용이는 나를 3홀이나 이겼다. 결국 1만5000원의 포상금이 있었고, 지용이는 골프 치고 돈 벌었다며 자기는 프로라고 으쓱해했다.

언제나 여유만만
지용이

러프에서 탈출하는
TIP!

　거리에 상관없이 내 공이 페어웨이에만 떨어져도 보기 플레이하는 데는 전혀 문제가 안 될 것이다. 그런데 18홀 중 몇 번은 슬라이스 또는 훅으로 러프 지역으로 공이 빠진다. 경우에 따라서는 벙커보다 더 어려울 수 있다. 나는 지용이에게 간단하고 쉽게 러프를 탈출하는 방법을 알려주었다.

　러프 지역은 잔디의 높이가 공이 잠길 정도의 높이이거나 그보다 높다. 그렇다고 스윙궤도에 맞게 공 뒤의 잔디를 발로 밟거나 정리를 하면 규정위반으로 벌타가 부여되므로 절대 그렇게 하면 안 된다.

　러프의 길이에 따라 A러프, B러프 구분하기도 하지만, 나는 지용이에게 페어웨이 근처의 러프와 경사면의 러프로 구분해주었다. 페어웨이 근처의 러프는 비교적 평지이고 러프가 아주 길지는 않기 때문에 풀스윙을 할 수 있다. 그래도 임팩트 시에 공과 클럽페이스 면에 잔디가 끼어 공의 회전량에 영향을 주어 런

(run)이 발생할 수 있고, 트러블 샷임을 생각해서 정확한 임팩트를 위해 평상시보다 한 클럽 작게 잡고 스윙을 해야 한다고 지용이에게 설명해주었다.

내 나름대로는 쉽게 설명한다고 했는데 지용이는 이해를 하는지 잘 모르겠다. 그냥 고개만 <u>끄덕끄덕</u>하면서 장난스레 "이렇게? 요렇게?" 하며 아빠의 분위기를 맞추는 모습이 귀여울 뿐이다.

페어웨이 주변 러프

그린 주변 러프

반면에 발끝 내리막, 오르막에 있는 러프는 상당히 길고 억세기 때문에 러프를 탈출하기 위해서는 움직이지 않는 하체로 가파르게 들어오는 임팩트를 위해 얼리 콕킹과 더불어 3/4스윙만 하도록 했다. 스탠스가 불안한 지면에서 풀스윙을 하면 공을 제대로 맞추기도 힘들고 러프에 클럽페이스가 걸리면서 스윙 스피드가 급격히 줄어들기 때문이다.

그리고 페어웨이 옆의 러프에서는 목표지점까지의 거리를 보고 샷을 하고, 발끝 내리막·오르막에서는 탈출을 목표로 샷을 하라고 했다. 그린을 보고 샷을 힘차게 했다가 미스샷(Miss Shot)이 나오면 오비나 해저드 또는 반대편 러프로 다시 빠질 확률이 훨씬 크기 때문이다.

　사실상 러프에 공이 들어가면 대개 경사면에 위치하기 때문에 러프의 탈출법과 경사면의 탈출법을 동시에 적용해야 한다. 공의 위치, 스탠스 자세, 목표지점의 선정 등 고려해야 할 것이 여러 가지가 있다. 골프를 잘 치기 위해서는 처음에 생각할 것이 많다.

　하지만 조금만 익숙해지면 보기 플레이어가 되는 것은 시간문제이다. 지나가다가 학교 잔디구장, 잔디공원만 보면 내 공이 날아가는 것을 생각하게 될 것이다.

경사면의 깊은 러프

건담을 향한
지용이의 사랑

03 오락가락한 날씨 때문에 지용이는 한동안 열심히 공부만 했다. 나도 움직이기가 귀찮아서 주말이 되면 반백수처럼 방구석을 헤맸다. 그러다가 나는 지용이에게 새로운 제안을 했다. 날씨가 좋아지면 골프장에 자주 갈 테니 진짜 게임을 하자고! 상금에 대한 규칙도 새로 정했다. 지용이는 골프장에 갈수록 용돈이 생긴다는 것을 생각하고 있는지, 흔쾌히 자신의 의견을 말하기 시작했다.

사고 싶은 로봇에 더욱 근접해가는 지용

지용이의 상금 지급은 두 가지 방법으로 정했다. 하나는 매 홀마다 아빠와의 승부에 따른 상금과, 다른 하나는 게임 스코어가 어느 수준이 될 때마다 상금을 지급하는 것이다. 두 가지 모두 적용되니 지용이는 더 신이 났다. 아빠와 게임만 열심히 해도 자기가 사고 싶은 로봇에 더욱 근접할 수 있을 것이라 생각했을 것이다.

기본적인 룰은 다음과 같다.

❶ 지용 레드 티 vs. 아빠 화이트 티

❷ 멀리건 3회

❸ 그린에서 OK거리 : 홀컵에서 본인 퍼터 길이까지(그립 제외)

❹ 공을 잃어버리면 1벌타 후 근처 페어웨이에서 시작

상금은 절대평가 및 상대평가로 하기로 했다. 먼저, 절대평가는 게임이 끝난 후 실제 타수를 가지고 기준 타수에 따라 그에 맞는 상금을 주는 것이다. 그리고 상대평가는 아빠를 이긴 홀 수 또는 동타 홀 수에 따라 상금을 주는 것이다.

이 두 가지 평가방법을 모두 적용하는 것이니, 지용은 절대 손해볼 일도 없고 그냥 열심히 치다 보면 매 경기 끝날 때마다 짭짤한 수입이 생길 것이다. 대신 이런 말을 꼭 해주고 싶었다.

"아빠한테 졌다고 울기 없기다!"

절대평가			
9홀 / 36타		18홀 / 72타	
스코어	상금(천원)	스코어	상금(천원)
60	2	120	2
56	3	112	3
54	5	108	5
52	8	104	8
50	10	100	10
48	15	96	15
46	20	92	20
45	30	90	30

상대평가			
9홀		18홀	
승(홀 수)	상금(천원)	승(홀 수)	상금(천원)
1	2	6	70
2	5	7	80
3	10	8	90
4	30	9	100
5	50	10	120
동타 3홀	3	동타 6홀	15
동타 4홀	5	동타 7홀	20
동타 5홀	10	동타 8홀	30

용돈을 주기위한 상금지급 기준

아빠의 과감한 투자

만일 지용이가 9홀을 54타를 치고, 그 중 아빠를 2홀 이기고 3홀이 동타라면, 우승상금은 5(54타)+5(2승)+3(3홀 동타)=1만3000원이 된다. 실력이 급성장해서 18홀을 96타 치고, 아빠를 5홀 이기고 5홀이 동타라면, 우승상금은 15(96타)+50(5승)+10(5홀 동타)=7만5000원에 이른다. 어쩌면 아빠가 매우 불리한 계약일 수도 있지만, 지용이의 골프 집중력 향상을 위해 과감히 투자하기로 했다.

단, 유효기간을 두었다. 2017년 5월 31일까지다. 내 생각에는 지용이가 앞으로 1년 정도면 100타 전후를 왔다 갔다 하는 실력이 될 테니까.

필드의 나무 앞에서
공치는 방법

대개의 골프장에는 페어웨이 양옆에 나무들이 있다. 슬라이스나 훅을 치게 되면 지면의 경사로 인해 고민에 빠지지만 내 앞을 가로막은 나무 때문에 또 한 번 한숨을 쉬게 되는 경우도 많다.

마음 같아서는 세게 치면 나뭇잎 사이를 뚫고 멋있게 빠져나갈 것 같지만 실제로는 그렇지 않다. 아마도 80~90%는 나뭇가지를 맞고 옆으로 튕겨져 나가든지, 운 좋게 나뭇잎을 맞추고 날아간다고 해도 거리가 짧아질 것이다.

내가 생각하기에 골프는 확률게임이다. 연습장에서 공 10개 중에서 9개 잘 맞으면 90% 확률, 2개 잘 맞으면 20%의 확률로 실전에 임하는 것이다. 그 확률이 그대로 스코어로 기록된다. 확률을 높이기 위해서 그렇게 연습을 많이 하는데, 나뭇가지 사이를 뚫고 나갈 확률은 5%, 1%도 안 될 것이다. 그런 것에 기대를 거는 것은 바람직하지 않다.

선택은 나무 키를 넘길 것인지, 아니면 옆으로 피해 갈 것이지 둘 중 하나에서 골라야 한다. 물론 경우에 따라 나무 사이로 런(run)을 할 수도 있을 것이다.

나무를 넘겨서 칠 것인가?

안전하게 레이업하는 것이 좋을 수도……

옆으로 피해 갈 것이라면 반드시 페어웨이에 안착할 수 있도록 욕심을 버리고 안전하게만 샷을 해야 한다. 조금의 욕심을 부려서 나뭇가지를 살짝 비껴가서 최대한 멀리 보낼 맘을 먹는 순간 그 공은 다시 러프에 빠질 확률이 높아지기 때문이다.

나무의 높이를 넘기려면 어느 정도의 클럽별 탄도를 예상할 수 있어야 한다. 그런데 지용이는 아직 그런 것을 알기에는 경험도, 나이도 부족하다.

그래서 나는 클럽을 지면에 내려놓고 그립을 목표지점으로 향하게 하고 클럽페이스를 발로 밟아보라고 했다. 그러면 클럽이 로프트와 비슷하게 들려져서 그립 끝이 가리키는 방향이 공이 날아가는 탄도가 될 것이다.

대략의 탄도를 가늠해보자!

충분히 넘길 수 있다면 과감하게!

이 방법은 페어웨이 벙커에서도 응용이 가능하다. 벙커 턱이 높은 경우 벙커 옆 러프에서 클럽을 놓고 밟아보는 것이다. 가령 거리가 150m 남았다고 해서 무조건 평상시 거리만 생각하고 6번, 7번 클럽을 잡으면 안 된다. 공의 위치와 벙커 턱과의 간격과 그 높이를 고려하여 클럽의 로프트를 생각해서 피칭, 샌드 클럽 등 높은 탄도의 클럽으로 레이아웃을 할 것인지 말 것인지를 결정해야 한다.

프로와
아마추어의 차이

04 　　　오늘은 지용이가 별로 좋아하지 않는 산악형 골프장으로 향했다. 그곳이 연습하기에는 좋기 때문이다. 첫 홀만 지나면 홀과 홀이 잘 보이지 않아서 몇 번씩 공을 치며 연습해볼 수 있고, 업다운이 많아서 다양한 트러블 샷을 연습할 수 있다.

아빠의 잔소리

오늘도 역시 지용이에게 다음의 다섯 가지 주의사항을 미리 알려주었다.

❶ 티 높이는 낮게 (티가 높아서 드라이버가 공 아래로 빠지는 경우가 많음)

❷ 치고자 하는 방향으로 내 공 1m 앞 목표물을 설정하여 스탠스 서기

　　(목표의 오른쪽(1~2시 방향)으로 서는 경우가 많음)

❸ 다리와 상체는 약간만 구부리고 (너무 구부리고 치다 보니 뒤땅을 치는 경우 많음)

❹ 연습 스윙은 지면을 스치듯이 두 번 (뒤땅, 탑볼 방지)

❺ 4/5 크기의 스윙하기—오버스윙 방지! (탑스윙 시 헤드 방향이 지면을 향하고 있음)

내가 너무 잔소리(?)를 했는지, 지용이는 이제 목표지점을 향해 치겠다는 의지로 클럽을 가르킨 후 어드레스를 취했다. 보통 성인이 처음에 하는 행동을 몇 개월이 지난 지금에서야 흉내 내는 지용이가 귀엽기도 하고 좀 야속하기도 했다.

목표지점을 확인하고 어드레스하기

자전거 가르치는 것보다 더 힘들어

갑자기 지용이에게 자전거 가르칠 때가 생각났다. 뒤에서 자전거를 잡아주는 것이 매우 힘들고 땀을 뻘뻘 흘렸는데, 골프 가르치는 것은 더 힘든 것 같다. 보통 9홀을 2시간 내내 레슨하면서 골프채 골라주고, 닦아주고, 거리 불러주고, 스윙 자세 등등……. 나 좋자고 하는 투자라 생각하고, 고생 끝에 낙이 온다는 마음가짐으로 임하고 있다.

오늘의 베스트 샷은 5번 홀, 파3에서 나왔다. 지용이는 그림 같은 어프로치가 홀컵으로 들어가는 엄청난 샷을 해냈다. 실수인지 실력인지 모르겠지만, 아무튼 아빠를 깜짝 놀라게 만든 멋진 샷이었다.

우드티샷이 조금 짧아서 어프로치를 했는데 뒤땅을 쳐서 바로 코앞에 떨어졌고, 그 공을 다시 친 것이 홀컵으로 빨려 들어갔다. 지용이는 정직한 파를 했다.

습관적으로 그린에 올라갈 때면 항상 퍼터를 가지고 가서 다시 한번 홀컵을 보며 환호성을 질렀다. 얼마나 좋았을까? 나도 아직 실전에서 어프로치로 홀컵에 넣어본 적이 없는데……. 지용이는 몇 개월 만에 벌써 두 번이나 칩샷으로 홀컵에 넣은 실력을 갖게 되었다.

파 찬스, 어프로치 성공!

남성용은 맞는 사이즈가 없어서
여성용 장갑과 신발을 신은 지용이

지용 프로, 굿샷!

그리고 8번 홀이 압권이었다. 200m 거리를 지용이의 정확한 드라이버, 아이언 샷으로 2온에 성공했다. 보통은 한두 번 실수해서 그린에 올라오는데, 이번엔 깔끔한 터치로 공을 날려 보냈다.

비록 파는 못했지만, 두 번이나 해저드에 빠진 아빠를 이겼기 때문에 지용이는 무척 기뻐했다. 아마도 내가 해저드에 빠진 것을 생각하느라 퍼팅에는 신경을 하나도 안 쓴 것 같았다. 자기가 이길 것을 확신했을 테니까. 오늘 목표인 세 번 승리에 성공했기 때문에 지용이 얼굴에는 웃음꽃이 피었다.

게임 스코어는 지용이가 54, 내가 50이었다. 나는 지용이 레슨하랴, 캐디 역할 하랴, 게임에 집중할 수 없었다. 나도 혼자 치면 점수가 잘 나오는데…….

나는 지용이에게 "지용이는 프로야~. 공도 잘 치고, 용돈도 버니까."라고 자주 말해준다. 프로는 돈을 벌면서 공을 치고, 아마추어는 돈을 쓰면서 공을 친다. 지용이는 돈을 벌면서 공을 치는 프로다.

슬라이스 vs.
훅

초보자들은 공이 악성 훅(↘)과 슬라이스(↗)를 오가며 게임을 점점 어렵게 끌고 가는 경우가 많다. 지용이 역시 예외는 아니다. 내가 보기엔 멋있는 자세인데 공 맞는 것을 보면 경험부족인지, 자세가 불안정한 것인지 아직 많은 수련을 쌓아야겠다는 생각이 든다.

슬라이스는 임팩트 순간에 클럽페이스가 열려(Open) 공에 맞기 때문에 공의 회전이 옆으로 발생하여 공이 앞으로 날아가다가 중간부터 한없이 오른쪽으로 휘는 현상을 말한다. 허리나 상체가 너무 빨리 회전하거나 임팩트 시 클럽을 당기는 느낌의 스윙이 슬라이스의 원인이다.

악성 훅은 어깨의 빠른 회전으로 스윙궤도가 'out-in'이 되어 클럽페이스가 닫혀(Close) 맞기 때문에 발생한다. 또는 플랫(Flat)한 스윙궤도로 인해 'in-out'이 심한 경우 부드럽게 휘어지는 드로우(Draw)를 넘어 심하게 왼쪽으로 말리는 악성 훅이 발생한다.

두 가지 경우의 치료법은 한 가지이다. 다시 처음으로 돌아가서 스윙의 기초를 이해하고 실천하는 것이다. 임시방편으로 공의 위치를 변화시켜가며 가끔 멋진 프로샷을 할 수도 있겠지만 근본적인 원인을 수정하지 않고는 안정적인 80대 스코어를 칠 수 있는 실력을 갖기는 어려울 것이다.

지용이의 스윙은 구력 10년 이상 되는 성인들처럼 굳어지지 않았기 때문에 지속적인 교정을 하면 1년 후에는 싱글의 반열에 오를 것이라 굳게 믿고 새로운 팁을 알려주었다.

지용이는 스윙 플레인이 머리 높이 정도로 완만하다. 그렇기 때문에 임팩트 존이 짧을 것이고 조금만 타이밍을 못 맞추면 슬라이스, 훅이 자주 발생한다. 나는 지용이에게 팔을 위로 올리는 느낌으로 연습을 주문했다. 어깨를 옆으로만 회전하지 말고 살짝 아래로 지면을 향하게 회전하면 자연스럽게 팔이 머리보다 높아져 임팩트 존도 길어지기 때문이다.

스윙이 평상시보다 가파르게 올라가는 느낌이 들면 클럽헤드가 닫혀 맞는 경우가 많이 발생하는데, 반드시 테이크 어웨이할 때 클럽페이스가 정면을 향하도록 백스윙을 시작하면 그런 실수를 줄일 수 있다.

또 다른 원인으로는 오른쪽 발이 지면에서 너무 일찍 떨어지는 것이다. 대다수의 초보자들은 다운스윙이 시작됨과 동시에 오른쪽 무릎이 왼쪽으로 너무 일찍 들어와 있다. 이것은 매우 안 좋은 습관이다. 이런 동작은 몸의 회전이 빠르게 되어 몸보다 늦게 따라온 클럽이 임팩트 순간 오픈되어서 맞기 때문에 심한 슬라이스, 훅, 푸시, 생크 등을 발생시키는 원인이 된다.

오른쪽 발은 땅에서 최대한 늦게 떼는 것이 좋다. 임팩트 후에 팔로우와 동시에 자연스럽게 머리의 회전과 같이 해도 전혀 문제 되지 않는다.

이미테이션 프로선수로 진화하는 지용

5

186~229

진정한 플레이어로
거듭나다

01

화창한 날씨를 그냥 지나칠 수 없어 아내와 딸을 인근 쇼핑몰에 내려주고, 나와 지용이는 4시쯤 골프장에 도착했다. 해가 길어져서인지 우리가 도착한 그 시간부터 단체모임이 있어 6시는 되어야 시작할 수 있다고 했다. 그럼 끝나는 시간이 너무 늦는데……. 지금 바로 백(back) 코스로 하면 어떻겠냐고 물어보니 OK! 곧바로 카트를 타고 10홀로 향했다.

이 골프장은 전반 9홀과 후반 9홀의 코스가 전체적으로 비슷하다. 마치 9홀을 두 번 도는 느낌이 들 정도다. 아마 코스가 평평하고 거의 직선이기 때문일 것이다.

중딩 포스의 초딩 5년 지용 프로

마음은 몸보다 앞서고

지용이는 자기가 좋아하는 곳이고, 항상 3홀 정도는 이겼기 때문에 이번에도 그 정도의 승률을 예상하는 듯했다. 그러나 오늘은 1홀만 이기고 나머지 홀은 모두 나에게 졌다. 지용이는 거의 모든 홀을 울먹이며 공을 쳤다. 이기고 싶은데 공이 잘 안 맞으니 무척 화가 났던 모양이다.

그런 지용이에게 이렇게 해라, 저렇게 해라 잔소리를 해대니 아빠가 많이 야속했을 법도 하다. 그렇지만 나도 어쩔 수 없었다. 잔소리를 하지 않으면 목표를 향해 공을 치는 것이 아니라 오른쪽 남의 홀로 어드레스를 하고, 구부정한 자세로 뒤땅을 치기 때문에 계속 자세를 교정해줘야 했다.

오늘도 나는 똑같은 자세를 주문했다.

❶ 상체는 곧게 숙인다.

❷ 몸과 공의 간격은 조금 멀게!

❸ 드라이버 티는 조금 낮게!

❹ 목표물과 평행하게 서기! (1미터 앞의 작은 티끌 보고 평행선 긋기)

❺ 스윙 후 공이 떨어져서 굴러가는 모습을 볼 때까지 그립 잡고 있기!

모자의 행운은 어디로?

얼마 전, 휴일에 근처 관광지에 놀러 갔다가 지용이의 모자를 하나 샀다. 지용이가 무척 마음에 들어하며 오늘도 꼭 그 모자를 쓰고 와야 이길 것 같다고 고집을 부렸다. 우리는 집을 나섰다가 다시 돌아가 모자를 가져와야 했다. 그런데 모자는 마음에 드는데, 공은 왜 안 맞는지…….

1 2 3
4 5 6

 ◆ ◆ 이미테이션 프로선수로 진화하는 지용

타이거 우즈도 부러워할 지용이의 역동적인 스윙 모습

7	8	9
10	11	12

게임 중간에는 선글라스가 어두워서 잘 안 보인다며 다시 내 선글라스를 빼앗아 갔다. 이제 지용이가 이것저것 내 것을 빼앗아 가는 나이가 되었나. 이러다가 내 골프채도 탐낼지 모르겠다. 아직 초등학생인 것이 다행이다……. 하지만 조만간 중학생만 되어도 성인 키에 가까워질 테니 분명……. 무언가 좋은 것만 있으면 아빠 것을 원할 텐데…… 아, 어쩌나!

공 칠 때 사진 찍으면 신경 쓰여 잘 못 치겠다고 해서 항상 연습 스윙만 찍고 있다. 사실 이 정도 신경 쓰이는 것은 무덤덤하게 받아들일 수 있어야 골프 멘탈이 강해질 텐데……. 아직은 어리니까 조금씩 더 크면서 스스로 이겨내야 할 과제라고 생각해두기로 했다.

오늘은 지용이 골프 입문 후 가장 안 좋은 스코어였다. 사실 내가 약간 사실감 있게 적어서일 것이다. 물론 지용이가 이긴 홀은 정확하다. 하지만 2~3홀의 스코어는 약간의 가감이 있을 것이다.

아직도 백스윙할 때 클럽헤드가 덮이고 백스윙탑이 너무 플랫하고 오버스윙이 되고 있다. 비전문가인 내가 봐도 어색한 부분이 보이는데 자세히 들여다보면 얼마나 많은 부분이 수정되어야 할지 모르겠다.

멋진 우드샷 후의 기쁨!

그래도 지용이의 게임내용은 좋아지고 있다. 9홀 중 버디 찬스도 한두 번씩 있다. 드라이버, 우드, 아이언의 정확도가 상당히 좋아졌다. 50% 정도는 제대로 공을 맞추고 있다. 하지만 아직 어프로치, 퍼터는 정확도가 없다.

지용이에게 골프는 아빠가 시켜서 하는 놀이 정도일지도 모른다. 본인이 하고 싶은 마음이 강하면 계속 생각이 나고, 이렇게 칠까 저렇게 칠까도 궁리해보면서 칠 텐데 하는 아쉬움이 있다.

그렇지만, 나는 대만족이다. 아무렴 어떠랴! 어린 지용이와 같이 이렇게 즐겁게 골프를 치고 있으니. 더구나 이제는 지용이도 공을 맞출 줄 알고! 경기권을 벗어나서 주말 새벽을 이용하면, 약간 피곤하긴 하겠지만 그래도 비교적 저렴한 가격으로 함께 골프를 치러 다닐 수 있을 테니 말이다.

워터 해저드의 유혹과 거리측정기 사용법

실력이 점점 쌓이다 보면 '할 수 있다!'는 자신감으로 거리를 세밀하게 분석하게 된다. 특히 워터 해저드를 만나면 넘기는 데 필요한 거리, 좌·우측 남은 거리 등 컴퓨터와 같은 세밀한 분석을 실시한다. 분석을 마친 후 멋진 샷을 하는 순간 뒤땅이 나면서 해저드에 빠지는 경우를 많이 경험해보았을 것이다. 평상시엔 충분히 그린에 올릴 수 있는 거리이지만, 중간에 해저드를 보면 꼭 넘겨야 한다는 생각에 힘이 들어가는 것이다.

해저드의 유혹에서 벗어나자!

나는 지용이에게 해저드가 없다고 생각하고 평상시처럼 샷을 하라고 해보았지만, 있는 걸 없다고 생각한다고 그 큰 해저드가 없어지지는 않았다. 부드럽게 스윙을 하라고 했더니 오히려 슬라이스가 심해져서 해저드 중앙으로 멋지게 "퐁당!" 물에 빠지게 되었다.

이럴 경우에는 한 클럽 크게 잡고 3/4스윙을 하면 뒤땅을 방지하고 방향성을 확보할 수 있다. 때로는 우회노선을 선택하는 것도 방법이다. 무리해서 160m, 170m를 아이언 5, 4번을 쳐서 뒤땅이나 슬라이스가 나는 것보다, 120~130m를 보낸 후 어프로치하는 것이 한 타를 잃는 것이 아니라 한 타를 버는 것일 수도 있다는 것을 명심하자.

당겨지면 안 돼요~~

넘기면 버디! 빠지면……ㅜㅜ

거리측정기와 내 마음이 일치하는 순간까지

해저드가 끝나는 지점의 거리, 공이 안전하게 페어웨이 또는 그린에 올라갈 수 있는 거리를 정확히 알고 있다면 조금 더 안심하고 샷을 할 수 있을 것이다. 물론 "거리를 알아도 내가 그 거리를 보낼 수 없는데 무슨 소용이 있나?" 생각할 수도 있지만, 그것은 그냥 연습이 부족한 주말 골퍼의 푸념일 뿐이다.

골프장에서는 캐디가 불러주는 거리에 의존하게 되는데 간혹 너무 고객을 생각해준 나머지 고객의 컨디션을 보고 거리를 가감해서 불러주는 경우가 있

다. 하지만 그것은 고객이 공을 잘 못 치더라도 정확한 거리를 알고 있었다면
"내가 이렇게 치니까 공이 이 정도밖에 안 나가는구나!"라고 느낄 수 있는 기회
를 빼앗는 것이다. 또 4명의 고객을 상대하다 보니 공의 위치를 카트에서 바라
보고 140m, 160m 등으로 거리를 불러주는 경우를 많이 경험해보았을 것이다.
이럴 때면 캐디에 대한 불편한 마음이 생기는 것도 사실이다.

이런 여러 가지 이유 때문에, 나는 시중에서 판매되고 있는 거리측정기 사용
을 강력 추천한다. 거리측정기는 사실대로 거리를 보여준다. 거리를 알고 지면
의 상태를 고려해서 상황에 맞는 클럽을 선택해 공을 치면 된다. 그 결과의 성공
과 실패는 모두 내 탓이다. 누구를 탓할 필요도 없다.

거리측정기에는 미리 입력된 골프장 정보를 바탕으로 나의 위치와 핀까지의
거리를 알려주는 GPS 측정기와, 목표물에 빛의 신호를 보내 반사되어 되돌아
오는 신호를 감지하는 데 걸린 시간을 거리로 환산하는 방식의 레이저 측정기
가 있다.

GPS 측정기는 GPS 전파수신 시간이 필요하기 때문에 골프장에 도착하면
바로 켜야 첫 홀부터 사용이 가능하다. 항상 나의 위치를 알려주기 때문에 허리
나 손목에 착용하면 사용이 쉽고 간단하다.

반면에 레이저 측정기는 한 손에 꽉 찰 정도로 약간 큰 편이며, 거리를 측정할
때마다 허리에서 꺼내서 목표에 초점을 맞추어 거리를 확인해야 하는 번거로움
이 있다. 그러나 매우 정확한 거리를 알 수 있는 장점이 있다.

구분	GPS 측정기	레이저 측정기
장점	◆ 거리 확인이 쉽다. ◆ 측정기의 크기가 작다. ◆ 가격이 저렴하다.	◆ 거리측정이 매우 정확하다. ◆ 경사거리를 보정한 거리측정이 가능하다.
단점	◆ 홀의 위치에 따라 거리측정이 약간 부정확하다.	◆ 가격이 비싸다. ◆ 측정기의 크기가 크다. ◆ 사용이 조금 불편하다.
제품모양		
사용방법	◆ 허리 또는 손목에 차고 거리를 실시간으로 확인한다.	◆ 두 손을 함께 잡아 흔들림을 최소화한다.

거리측정기 종류별 특징

내가 생각한 거리와 측정기로 확인한 거리가 어느 정도 일치되는 순간 내 스윙 크기도 그 거리에 알맞게 반응하는 것 같다. 느낌으로 거리를 대략 알 수 있을 때까지 충분히 연습하여 80대의 벽을 넘어보자!

아빠의
마스터 플랜

02

벌써 6월이다. 여름이 시작된 건지 한낮의 기온이 30도를 넘나들 정도로 햇볕이 뜨겁다. 오늘은 그동안 아빠와 함께한 필드 경험의 최종 실전 연습 날이다. 굳이 의미를 부여하자면, 지용이가 골프 입문 만 1년이 되어 완전 초보에서 벗어나 보통의 아마추어 골퍼로서 거듭나는 역사적인 날이다.

지용이는 5개월의 실내연습장을 거쳐서, 지금까지 약 4개월 동안 18홀 두 번, 9홀 아홉 번의 실전경험을 가졌다. 아직은 많이 부족하지만 그럭저럭 공을 맞출 수 있는 실력을 갖게 된 것 같다.

나는 매우 뿌듯했다. 지용이와 공유할 수 있는 같은 관심사가 하나 더 생겨서 좋다. 매일 반복되는 공부와 학교생활에 젖어가는 지용이와 가끔이겠지만 같은 취미생활을 즐길 수 있으니 얼마나 행복한 일인가!

아빠와의 필드 경험을 통해 긍정적인 것을 많이 얻었겠지만 일부는 부정적인 것도 있을 것이다. 예를 들어 티샷이 잘 안 맞거나 러프, 벙커 등 트러블 샷을 쳐야 할 경우에 다시 치거나 공을 옮겨서 치도록 한 것이 지용이에게 안 좋은 습관을 갖게 했을지도 모른다.

다른 사람들과 같이 골프를 즐길 때는 절대로 그렇게 할 수 없다는 이야기는 해주었지만, 몸과 마음이 그것을 받아들이기 힘들 수도 있다. 그것이 지용이의 멘탈을 무너뜨릴 수도 있을 것이다. 어쩌면 지용이가 성장해가면서 이겨내야 할 몫일 수도 있다. 반드시 이겨내야 할 것이다.

오늘 게임은 18홀 정규코스를 돌았다. 당연히 지용이가 좋아하는 골프장으로 향했다. 햇볕이 너무 강해서 나의 골프 전용 선글라스를 지용이에게 주었다. 최상의 컨디션으로 실전 골프를 즐기게 해주고 싶었다.

최종 테스트를 위해
만반의 준비를!

어느새 좋은 습관이

지용이는 점심시간마다 달리기를 열심히 해서 엊그제 학교에서 받았다는 티셔츠를 입고 게임을 시작했다. 그 옷이 그렇게 자랑스럽고 좋다고 한다. 형광색 셔츠인데 등 뒤에 지용이가 최근 한 달 동안 달린 거리를 표시하고, 목표달성 날짜까지 매직으로 적어놓았다. 그 옷을 입고 골프를 치면 최소 5홀은 이길 수 있을 거라고 다짐하고 게임을 시작했다.

처음 출발이 좋았다. 지용이는 두 번째, 네 번째, 다섯 번째 홀에서 파를 기록

했다. 나도 깜짝 놀랐다. 멀리건을 한 번만 사용하고 이 정도면 레이디 티가 아닌 나와 같은 화이트 티에서 쳐도 될 만한 실력이다. 파5홀에서도 3온은 기본이었다. 내년 7월까지 레이디 티에서 쳐도 된다고 약속했는데, 지용이의 이런 상승세라면 내가 항상 질 듯싶다.

지용이는 티잉 그라운드에 올라가면 이제 말하지 않아도 목표지점을 먼저 정하고 클럽페이스를 목표물에 직각으로 얌전히 놓고 어드레스를 취하는 좋은 습관을 갖게 되었다. 이런 지용이의 모습을 보니 아빠인 나는 뿌듯했다.

안정적인 티샷을 하기 위해 평소보다 작은 4/5스윙

다시 시작된 잔소리

그런데 골프가 항상 잘 맞으면 왜 그렇게 사람들이 10년, 20년이 되도록 레슨 동영상을 보고 고민을 하겠는가. 지용이는 6홀부터 점점 스코어가 안 좋아지기 시작했다. 동시에 표정도 굳어지고, 콧물도 훌쩍거렸다. 본인이 생각해도 공이 멀리 가지 않는가 보다. 아빠의 잔소리가 싫다고 징징대고……. 그래서 나는 9홀부터 14홀까지 아무 이야기 하지 않고 묵묵히 거리와 골프채만 선택해주며 게임을 진행했다.

지용이는 내가 평소 강조하던 자세와 볼 위치 등을 조금씩 지키지 않고 그냥 편하게 공을 치고 있었다. 그러다 보니 점점 목표물의 오른쪽을 겨냥하게 되고, 볼에 가깝게 서고, 자세를 점점 구부리고 쳤다. 당연히 공은 당겨지거나 뒤땅이 나거나 하늘로 솟는 뿅샷이 나왔다. 지용이의 표정은 점점 더 굳어졌다. 다시 잔소리를 안 할 수가 없었다. 나는 지용이에게 자세와 공의 위치를 다시 이야기해 주었다.

❶ **드라이버** 티 높이는 공 1개 정도, 공은 왼발 뒤꿈치 선상에 위치

❷ **우드** 공은 중간에서 왼발의 사이 중간

❸ **아이언 및 샌드** 공은 중간에 위치

❹ **퍼터** 공은 왼쪽 눈 바로 아래, 퍼터 중간 바닥이 지면에 수평

❺ **어드레스(공통)**

　－ 목표지점과 공 사이의 작은 티끌(1m 이내)에 클럽페이스를 맞추고,

　－ 두 발을 모은 뒤 평행하게 벌린다.

　－ 두 발바닥은 지면에 계속 닿아 있어야 하고,

　－ 피니시 자세에서도 두 손이 그립을 꼭 잡고 있도록.

　－ 공이 떨어지는 지점을 계속 보고 있어야 함.

너무 많은 이야기 같지만, 누구나 공을 칠 때 알고 있고 적용하는 내용이라고 생각한다. 지용이도 이제는 어느 정도 내가 말하는 것을 지키려고 노력하고 있

다. 그리고 그렇게 하는 것이 공이 잘 맞는다는 것을 스스로 느끼고 있다.

지용이는 퍼팅을 할 때 강한 집중력을 발휘했다. 나름대로 엎드려가며 그린의 좌우 경사를 파악하기도 하고, 자신의 퍼팅 라인을 밟아가며 거리를 재는 성의를 보였다.

아빠의 잔소리 때문일까? 지용이의 스코어가 15홀부터 다시 좋아지기 시작했다. 15, 17, 18홀을 연속 파를 했다. 내가 레슨을 잘 하는 것일까, 지용이가 골프를 잘 치는 것일까? 아무래도 내가 가르치는 데 소질이 있는 것 같다. 조만간 나도 열심히 연습해서 티칭프로에 도전해봐야겠다!

신중하게
퍼팅 라인 읽기

지용이의 골프 적응훈련, 성공적!

오후 4시부터 시작한 게임은 쉬는 시간 없이 8시 30분이 되어서야 끝났다. 지용이의 최종 성적은 101타였다. 지용이의 눈치를 보느라 기분 좋게 스코어를 올려 적은 부분도 약간은 있다. 하지만 전체적으로 지용이의 골프 실력이 좋아졌다. 확실히 연습하면 실력이 느는가 보다.

지용이는 나를 3홀이나 이겼고, 5홀이 동타였다. 그런데 지용이는 자신이 엄청 잘 쳤는데 생각보다 많은 홀을 이기지 못해 분한 듯했다. 얼굴이 살짝 상기되어 있었다. 아마도 상금이 적어서 그럴 것이다.

그런데 집에 와서 오늘의 상금을 따져보니, 2만7000원이나 되었다! 전체 타수, 이긴 홀, 동타 홀 수를 합쳐보니 그런 두둑한 결과가 나왔다. 저녁 내내 지용이는 싱글벙글이었다. 아직 지용이에게 아빠와 함께하는 골프는 스포츠가 아니라 용돈 벌이 수단이다.

지용이의 최종 점검
스코어는 101타

내가 계획한 지용이의 골프 적응훈련은 오늘로서 끝이다. 앞으로는 보통의 초보 골퍼처럼 세상에 나아갈 차례다. 물론 성인이 될 때까지 아빠랑 함께하겠지만…….

초등학교 5학년인 지용이는 조만간 영어학원, 수학학원 다니랴, 그리고 틈틈이 친구들과 노느라 엄청 바빠질 것이다. 이대로 골프 레슨을 멈추고 아빠와 가끔 스크린 골프만 다니는 정도로 한다면 1년이 지나도 실력은 별로 늘지 않을 것이다. 앞으로 나는 더 바빠진 회사일 때문에 주말에도 지용이와 함께하는 시간을 낼 수 없을지도 모른다.

지용이를 다시 실내연습장에 보낼까 하는 생각을 해보았다. 최근 여러 번의 실전경험을 가졌으니 다시 연습을 시작하면 좀 더 향상된 자세와 마음가짐으로 스스로 생각하며 공을 치게 될 것이다. 앞으로 1년 정도 골프를 좀 더 다듬어 주고 싶다. 그러고 나면 가을이나 내년 봄쯤에는 나와 대등한 게임을 할 수 있지 않을까?

20년 뒤에는 가족 골프대회를

나는 운동신경이 좋은 편이 아니다. 어렸을 때부터 딱히 좋아하는 운동은 없었다. 체육시간에도 철봉 주변에서 조용히 놀던 기억이 난다. 군대에서도 그 흔한 축구, 족구 선수로 참여해본 적도 별로 없다. 내가 생각하는 거의 모든 스포츠는 상대방과 격한 몸싸움을 하는 것이다. 그래서일까? 나는 남과 부딪칠 일 없는 골프가 마음에 든다.

그렇다고 골프 스코어가 좋은 것은 아니다. 이제 겨우 90 전후를 치는 보기 플레이어다. 그래도 골프가 좋다. 파트너 없이 혼자서도 연습할 수 있고, 나에게도 관심 있는 스포츠 분야가 생겼다는 것이 기쁘다. 사람들과 골프라는 공통된 관심사로 대화를 나누게 되면서 사회생활도 더욱 즐거워졌다.

여러 번 이야기했지만, 내 작은 소망은 우리 가족 모두가 골프를 치는 것이다. 그러면 어디를 놀러 가더라도 항상 차에 골프백을 싣고 다니면서 그 지역의 저렴한 골프장을 찾을 것이다. 정말 그렇게 된다면 얼마나 좋을까? 생각만 해도 꼭 하고 싶다는 목표가 생긴다.

지용이가 1년 뒤 90타 정도의 실력을 갖는다면, 그때 지윤이와 아내도 골프를 배우게 할 것이다. 그러면 앞으로 3~4년 후에 내가 생각한 가족 골프대회를 할 수 있다. 상품도 걸고 상패도 만들고, 매년 정기 라운딩도 하면서 우리 가족만의 골프 역사를 만들어갈 수 있다. 20년 뒤 며느리, 사위도 함께 골프를 칠 수 있다면 얼마나 좋을까?

생각만으로 끝내지는 않을 것이다. 반드시 실천에 옮겨서 20년 뒤 내 이름을 걸고 가족 골프대회를 열 것이다. 그러려면 돈도 많이 벌어야 하는데…… 그것이 문제다. 그날을 위해 열심히 살자, 다짐해본다.

높고 넓은 하늘을 보며,
이 골프장에서 같이 놀자!

샌드 벙커에
빠졌을 때

공이 벙커에 빠지는 경우는 러프에 빠지는 것처럼 매우 흔한 일이다. 드라이버 샷이 페어웨이 벙커에 빠지고 세컨샷이 그린 주변 깊은 벙커에 빠지곤 한다. 18홀 내내 한 번도 안 들어가면 좋겠지만 그렇게 운이 좋은 날이 자주 오는 것은 아니므로 항상 준비하고 연습해야 한다.

페어웨이 벙커

페어웨이 좌우에 있는 벙커를 사이드 벙커(side bunker)라고 하고 중앙에 있는 벙커를 크로스 벙커(cross bunker)라고 한다.

벙커 턱이 높지 않아서 벙커 중간에 공이 있는 경우에는 보내고자 하는 거리에 알맞은 클럽을 선택하면 무리가 없다. 단, 주의할 것은 클럽헤드가 벙커의 모래에 닿으면 안 된다. 연습 스윙은 벙커에 들어가기 전 러프에서 하고 난 후 벙커에 들어가야 한다.

보통 지면과 달리 벙커는 모래이기 때문에 발을 움직여서 단단히 고정해야 안정적인 스윙을 할 수 있다. 클럽을 조금 짧게 잡고 간결한 스윙으로 공만 걷어 내듯 스윙을 하면 온 그린에 성공할 수 있다.

사이드 벙커에서 3/4스윙 준비 중

오르막 경사를 고려해야 하는 상황

그린 주변 벙커

그린 옆에 위협적으로 있는 벙커(guard bunker)는 대개 벙커 턱이 높다. 대개 1m 전후이지만 그린이 바로 앞에 있기 때문에 자칫 실수라도 하면 홈런 볼이 되기 쉽다. 그렇다고 너무 소심하게 스윙을 하면 2~3타를 쳐도 벙커에서 빠져 나오기 힘들 수도 있다.

　56~60°의 웨지로 공 뒤의 모래를 쳐서 공을 떠내듯 스윙을 해야 안전하게 공을 그린 위로 올릴 수 있다. 핀까지의 거리가 10m라면 공 뒤 10cm, 20m라면 공 뒤 5cm 부분에 클럽 리딩에지가 모래를 파고 들어갈 수 있도록 한다. 그럼 적당량의 모래와 함께 공이 벙커를 탈출할 수 있다.

　또 다른 탈출방법은 공 뒤 5cm를 고정하고 10m 보내고자 할 때는 백스윙 크기를 3/4스윙, 20m일 때는 4/5스윙을 하면 프로선수들처럼 멋있게 벙커를 탈출할 수 있을 것이다.

　언제나 명심해야 할 것은 공이 벙커에 들어가면 홀컵에 붙이려 하지 말고 벙커 탈출을 목표로 스윙을 해야 한다는 것이다. 그것이 현명한 플레이어다.

그린 주변 벙커

핀을 보고 벙커샷하는 지용 프로!

아들! 스크린 골프장에서
100타 깨볼까?

03

그동안의 지용이의 골프 실력을 점검해볼 겸, 그리고 생활 골프를 계속 이어가고 싶은 마음에 이번 주말에는 스크린 골프장에 가기로 했다.

그런데 한 가지 문제가 있었다. 바로 담배이다. 거의 모든 스크린 골프장에서는 사람들이 담배를 피운다. 나는 비흡연자이지만 사회생활을 통해 담배냄새에 익숙하다 할지라도, 어린이에게는 매우 안 좋을 것이다. 그래서 나는 금연실이 있는 스크린 골프장을 찾아보기로 했다.

지용이의 클럽별 거리는?

인터넷으로 여기저기 알아본 결과, 도심의 굉장히 규모가 큰 스크린 골프장에 금연실이 있다고 했다. 일요일 아침 8시 30분으로 예약을 했다. 오전 9시 이전에는 2000원씩 할인해준다기에 살짝 이른 시간을 선택했다.

스크린 룸이 20개가 넘고 연습타석도 별도로 20개 이상 마련되어 있는 큰 규모의 연습장이었다. 그런데 금연실이라고 안내받은 룸에 들어가보니 갑자기 퀘퀘한 냄새가 내 목에 걸렸다. 이름만 금연실이었다. 더구나 골프연습장이 지하에 있어서 제대로 환기가 될까 의심스러웠다. 조금 아쉬웠지만 그래도 기분 좋게 게임을 시작하기로 했다.

오늘도 역시 동반자이자 갤러리로 동생 지윤이가 따라왔다. 지윤이는 예전처럼 스크린 골프장에서 먹는 삶은 계란을 좋아했다. 소풍 나온 아이처럼 신이 난 모습이었다.

우선 지용이의 클럽별 거리를 알아보기 위해 연습 스윙을 했다. 필드에서 내가 생각했던 클럽별 지용이의 거리는 드라이버 160m, 우드 4번 130m, 아이언 7번 110m, 피칭 80m, 샌드 60m 전후였다. 물론 정확하게 맞았을 경우다. 그런데 스크린에서 거리를 측정해보니……, 그 정도 거리는 나오지 않았다. 드라이버 140m, 우드 4번 120m, 아이언 7번 100m, 피칭 70m, 샌드 50m 전후인 듯했다.

아이언샷(정면)

정말 실력이 늘었을까?

게임의 룰은 간단했다. 나와 모두 같은 조건(컨시드 2m)에 타석만 레이디 티에서 치도록 했다.

스크린 골프가 좋은 점도 꽤 많다. 내가 공을 닦지 않아도 되고, 클럽을 갖다 주지 않아도 되고, 거리를 안 불러줘도 된다는 것이다. 그리고 마지막으로 게임룰이 정확하다는 것이다. 필드에서는 적당히 옮기고 치고, OB나 해저드로 공이 가면 그냥 다시 한 번 더 치라고 했지만, 여기서는 기계가 알아서 다 정리해준다.

오늘 지용이가 몇 타를 칠지 궁금했다. 정말 실력이 늘긴 늘었을까?

용돈의 규칙은 1홀 승에 무조건 500원으로 정했다. 단, 버디하면 추가 1000원, 이글하면 추가 3000원을 주기로 했다. 같이 따라온 지용이의 응원단 지윤이에게도 똑같은 용돈을 주기로 했다. 다시 말해 오빠가 잘하면 동생 지윤이도 용돈을 받을 수 있는 것이다.

오늘 우리가 도전한 '캘러웨이' 스크린 연습장은 '골프존'과 달리 바닥경사는 움직임이 없다. 그리고 페어웨이, 러프, 벙커의 구분을 위해 공 위치에 해당되는 부분이 자동으로 회전하면서 각기 다른 지면상태를 나타낸다. 퍼팅은 약간 앞쪽에 몇 개의 점으로 표시된 별도의 퍼팅 위치가 있다.

'골프존'에 익숙해져 있다가 '캘러웨이'에 와보니, 공을 인지하는 느낌이 좀 달랐다. 고무줄을 당겼다 놓는 느낌으로 공이 날아가는 것 같았다.

지용이는 여전히 뒤땅, 슬라이스 등의 불안정한 스윙을 했지만, 공의 거리 및 방향감각이 생긴 듯했다. 짧은 어프로치에서는 말하지 않아도 클럽을 짧게 잡고, 빈스윙을 연습했으며, 퍼팅도 거리를 생각하며 스윙 연습 후 어드레스를 취했다.

파워풀한 지용 프로의 아이언샷

점점 성장해가는 모습이 보기 좋았다. 지용이는 103타를 기록했다. 그리고 나를 3홀 이기고, 3홀 비겼다.

지용이는 실제 필드보다 스크린이 더 어려웠을 것이다. 아빠가 공을 옮겨주지 않으니까……. 필드에서는 깊은 러프나 해저드에 빠지면 다시 공을 꺼내 페어웨이로 옮겨주곤 했지만, 여기 스크린에서는 그럴 수가 없지 않은가.

선수로 키울 것은 아니지만 그래도

조만간 지용이는 100타를 깰 것이다. 7월이나 8월쯤? 그런데 한 가지 문제가 있다. 아직 골프연습장 등록을 하지 못했다. 어쩌면 안 하게 될지도 모르겠다.

요즘 지용이는 학교 수업이 끝나면 월 · 수 · 금에는 영어학원, 화 · 목에는 수학학원에 다니고 있다. 학원에서 보통 3시간 전후로 수업을 하고, 집에서는 숙제도 해야 한다. 그러다 보니 운동할 시간이 없다. 하루에 1시간 정도 짬을 낼 수도 있겠지만 어린애가 너무 바쁘게 지내는 것 같아서 그 시간은 지용이가 하고 싶은 장난감 조립이나 TV 시청을 하도록 하고 있다. 불과 몇 개월 전만 해도 지용이는 이렇게 하루가 꽉 차게 학원을 다니지는 않았다.

그래서 골프 연습을 어떻게 시킬지 고민이다. 물론 선수로 키울 것이 아니기 때문에 그냥 이 정도로 끝내고 1~2주에 한 번씩이나 인도어 골프장에 가서 연습을 시킬 수도 있다.

그런데 그렇게 하면 조금 아쉬움이 남을 것 같다. 1년 정도만 더 레슨을 받는다면 어설프게나마 주니어 선수들처럼 멋진 스윙을 갖게 될 텐데…….

퍼팅
고수 되기

"드라이버는 쇼, 퍼팅은 머니"라는 말이 있다. 250m 드라이버도 1타이고 50cm 퍼팅도 1타로 똑같기 때문에, 퍼터를 소홀히 하면 안 된다는 이야기다. 1m도 채 안 되는 거리의 퍼팅을 놓쳐서 버디 기회가 파, 보기가 되는 경우가 허다하다.

어느 정도 골프 스윙이 익숙해지면 보기 플레이 수준에 올라가는데, 그 이상의 스코어를 만들기 위해서는 상당히 오랜 시간을 투자해야 한다. 아마 그 과정에서 퍼팅의 중요성을 알게 될 것이다.

퍼팅도 어프로치와 마찬가지로 단계별로 몇 개의 거리감을 익히고 있어야 한다. 나는 지용이에게 우선 '3:6:9=10:20:30' 공식을 기억하도록 했다. 3m 굴리기 위해서는 10cm, 6m 굴리기 위해서는 20cm, 9m 굴리기 위해서는 30cm의 스트로크를 하도록 했다. 이를 응용해보면, 4m를 보내기 위해서는 13~15cm 백스트로크의 느낌으로 퍼팅을 하면 될 것이다.

옆 경사가 있는 곳

평지의 경우에는 연습을 통해 거리감을 맞출 수 있으나, 문제는 경사진 곳이다. 높낮이나 좌우 경사가 있는 곳은 공이 휘어지는 지점(Break Point)을 예상해서 퍼팅을 해야 한다. 나는 지용이에게 공은 물과 같이 높은 곳에서 낮은 곳으로 굴러가기 때문에 그린에 올라가면 공 주변의 가장 높은 곳과 낮은 곳을 찾으라고 했다. 그리고 오르막과 내리막을 고려해서 공이 홀컵 주변 휘어질 것 같은 곳(예상 브레이크 포인트 방향)으로 스트로크를 하도록 했다.

그런데 브레이크 포인트 방향으로 공을 보내기 위해서는 또 다른 가상의 브레이크 포인트를 선정해야 한다. 그 이유는 경사면에서는 공이 직선으로 가지 않고 중력의 방향으로 휘어지며 굴러가기 때문이다. 마치 자동차의 핸들을 살짝 돌려놓고 직진을 하는 것과 같은 의미일 것이다. 결론적으로 최소 2개의 브레이크 포인트가 있다고 생각하고 플레이해야 한다.

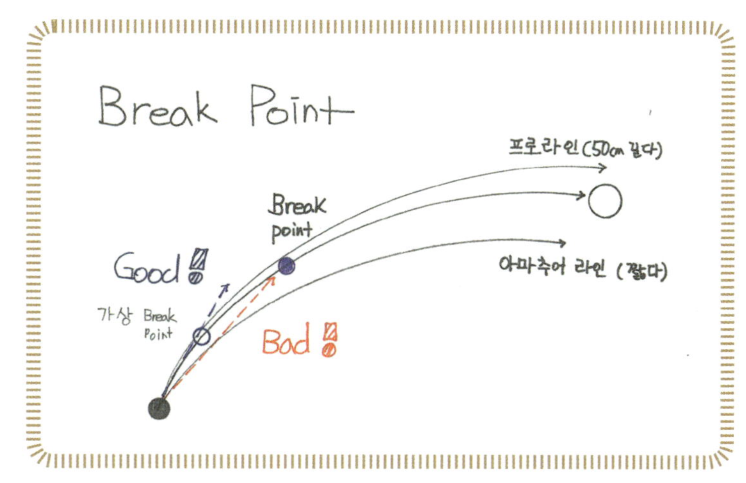

가상의 브레이크
포인트를 고려한
퍼팅 라인

오르막과 내리막

오르막일 때는 좀 강하게, 내리막일 때는 약하게 스트로크하면 된다. 그런데 막상 그린에서 퍼팅을 할 때 어느 정도의 힘 조절 및 스윙 크기를 결정해야 하는지 모르는 경우가 많다. 프로 지망생들처럼 연습량이 많다면 어느 정도 감으로도 대략의 거리를 맞출 수 있겠지만, 마음만 프로인 아마추어들에게는 쉽지 않다.

오르막에서는 강하게 공을 치기 때문에, 옆으로 휘어지는 경사가 평지보다 덜 영향을 받는다. 이와 반대로 내리막에서는 약한 스트로크를 하므로 평지보다 훨씬 큰 경사를 고려해야 한다. 특별한 규칙이나 정형화된 공식은 없다.

나는 지용이에게 좀 더 이론적인 설명을 해주기 위해 《Dave Pelz's Putting Bible》, 《How to make every putt》, 《The fundamentals of putting》, 《굿바이 쓰리퍼팅》 등의 국내외 여러 퍼팅 전문서적을 구입해서 읽어보았으나, 그 이론들을 실전에 적용하기 위해서는 엄청난 연습을 필요로 한다.

퍼팅은 '감(feeling)'으로 해야 한다고 한다. 반복적인 연습으로 거리, 경사에 맞는 퍼팅 감각을 만들어야 하겠지만, 지용이의 연습량으로는 느낌으로 거리를 맞추기는 어려울 것 같다. 그래서 나는 스크린 골프장의 거리계산법을 응용해서 알려주었다.

가령 오르막 거리가 6m인 경우, 완만한 오르막이면 2m 추가하고 심한 오르막이면 4m 추가한다. 반대로 내리막 거리가 6m인 경우, 완만한 내리막이면 2m 짧게, 심한 내리막인 경우 4m 짧게 스트로크하도록 했다.

높이차를 읽기 위해서는, 홀컵과 공의 측면에서 낮은 자세로 보면 대략의 높낮이를 알아낼 수 있다. 오르막 내리막의 상황에서 거리를 맞추기 어려운 초보자뿐만 아니라 90대 전후의 보기 플레이어들에게도 이 연습방법을 추천한다. 상당히 도움이 되리라 확신한다. 그리고 나중에 고수의 반열에 오르기 위해서는, 이런 숫자가 아닌 느낌으로 스트로크를 할 수 있어야 할 것이다.

구르는 공은 중력의 법칙에 의해 높은 곳에서 낮은 곳으로 굴러가게 되어 있다. 그린에 물을 부었을 때 물이 흘러 내려가는 것을 상상하면 이해가 좀 더 쉬울 것이다. 따라서 그린 주변의 언덕과 경사를 세심하게 살펴서 그린의 가장 높은 곳과 낮은 곳을 찾는 것이 무엇보다 중요하다.

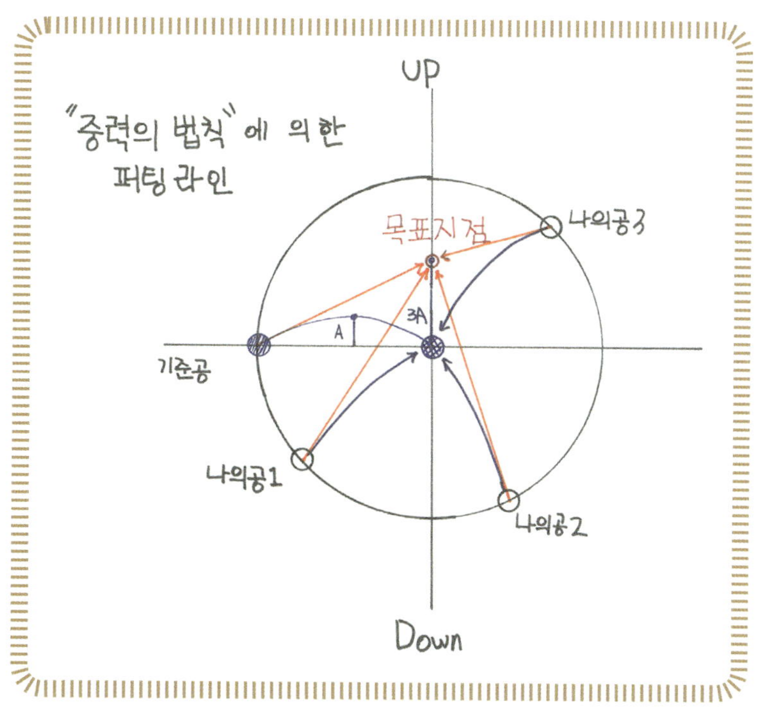

'중력의 법칙'에 의한 퍼팅 라인

217

지용, 지윤이의
프로대회 견학

04

지용이의 골프에 대한 흥미를 더해주기 위해 고민하던 중, 나는 주니어 골프대회에 관심을 갖게 되었다. 인터넷을 여기저기 찾아보니, 선수 지망생들도 많지만 지용이처럼 취미로 배운 골프 실력으로 참가하는 아이들도 많다는 것을 알게 되었다.

아빠들의 마음은 비슷한가 보다. 인터넷 서핑을 하다 보니 나와 유사한 고민을 하는 아빠들을 쉽게 찾아볼 수 있었다. 그 아빠들도 가족의 행복을 골프에서 찾고 있는 것이다. 아마도 현재 30~40대 세대까지는 골프가 대세일 것이라고 나는 확신한다.

프로의 모습을 직접 본다면?

대회에 참가하기에는 지용이의 실력이 부족할 듯했다. 아니, 실력의 유무보다는 프로 지망생들의 대포알 같은 샷에 괜히 주눅이 들까 봐 그것이 걱정이었다. 반대로 용기를 얻게 될 수도 있겠지만, 조금 더 연습이 필요하지 않을까 싶었다. 대신 빠른 시일 내에 프로대회 갤러리로 구경을 가봐야겠다고 생각했다.

5년 전인가, 어느 가을에 강원도 지역에서 여자 프로대회를 구경 간 적이 있다. 그때는 지용이, 지윤이가 너무 어려서 골프장에서 게임은 제대로 보지 못하고 메뚜기만 실컷 잡다 왔다. 지금은 아이들이 그때보다는 많이 커서 얌전히 게임을 관람할 수 있을 거라는 기대가 생겼다.

아이들 방학 기간에 맞추어 7월 하순부터 8월 중순 사이에 개최하는 프로대회를 검색해보았다. 한여름이어서인지 그 기간에는 프로대회가 거의 없었다. 일부 대회가 있긴 하지만 집에서 멀리 떨어진 곳이라 엄두가 나지 않았다. 고민 끝에 8월 중순 경기도 양평에서 열리는 보그너(Bogner) MBN 여자 오픈 대회를 구경 가기로 했다.

나랑 자세가 똑같은데!

지용, 지윤 두 꼬맹이를 모두 데리고 가는 터라, 관광 시즌임을 감안해 아침 일찍 서둘러 출발했다. 오전 10시쯤 되어 대회장에 도착했다.

주차 안내 표지판을 제대로 보지 못하고 바로 대회장으로 갔더니 갤러리 주차장은 다른 곳이라고 했다. 그래서 약 10km 떨어진 주차장으로 왔던 길을 다시 돌아가야 했다. 사실 짜증이 조금 났지만 힘들게 여기까지 왔는데 다시 집으로 돌아갈 수는 없어 꾹 참고 차를 돌려 대회 주차장으로 향했다.

입장료는 초등학생부터 성인까지 동일하게 1만 원이었다. 나는 거금 3만 원으로 티켓을 구입했다. 초대권을 가지고 와서 무료로 입장하는 사람들도 많았기 때문에, 돈을 다 내고 입장한다는 것이 살짝 아까운 느낌도 있었다. 그렇지만! 대한민국 골프 문화 정착과 대중 확산을 위해 과감히 투자하기로 했다.

사실은 전혀 아깝지 않았다. 우산, 음료수, 맥주 시음권 등 푸짐한 선물도 있었고 무엇보다 실제 프로선수의 멋진 스윙을 바로 내 눈앞에서 볼 수 있다는 것이 신기하기도 하고 가슴이 설렜기 때문이다.

클럽하우스는 선수와 관계자들만 입장이 가능해서 들어갈 수는 없었다. 곧바로 연습 그린으로 향했다. 역시나 여기에서 숏게임 연습 중인 프로들이 많이 있었다.

프로들을 보자마자 '아차!' 싶었다. 사인을 받고 싶었는데 펜과 종이를 준비하지 못한 것이다. 연습 그린과 클럽하우스의 동선에는 커다란 사진기를 가지고 서 있는 사람들이 여럿 있었는데, 그들은 오가는 프로들의 사진을 찍고 사인도 받으며 간단히 이야기도 주고받았다. 이래서 경험이 중요한가 보다.

지용이는 말없이 퍼팅 연습 중인 프로들을 보고 있었다. 무슨 생각을 하는지 궁금했다.

"나랑 자세가 똑같은데! 역시 나도 프로인가 봐. 신 프로!"

그동안 내가 지용이를 너무 띄워주었나 하는 생각에 나도 모르게 허탈한 웃음을 지었다.

대회 시작 전
눈을 동그랗게 뜨고!

  ◆◆ 이미테이션 프로선수로 진화하는 지용

지용이는 캐디백에 새겨져 있는 커다란 이름을 보고,

"나도 가방에 이름 써줄 수 있어?"

라고 물었다.

"지용이가 80타대 스코어 치면, 가방에 멋있게 이름 새겨줄게!"

과연 그날이 언제쯤 올까? 3년 뒤? 10년 뒤? 아니면 내년이라도 바로?

아빠를 위한 이벤트

오늘이 경기 마지막 날이기 때문인지 우승 후보자들 챔피언 조의 티오프 시간은 12시쯤이었다. 최근 절정의 샷감을 보여주는 박성현 프로와 고진영 프로 등 유명 선수들과 그녀들을 보기 위해 구름같이 몰려든 갤러리들을 보고 싶었고, 나도 동참하고 싶었다.

하!지!만! 철부지 초등학생들과 같이 다니면서 집에 늦게 갈 생각을 하니 엄두가 나지 않았다. 그래서 처음 10시쯤 출발하는 팀을 9홀만 따라다니기로 했다.

우리가 선택한 팀은 10번 홀에서 출발하는 팀이었다. 3명이 한 조로 출발하는데 갤러리는 약 10명 정도였다. 크게 유명하지 않은 선수라서 그런 것 같았다. 지금 이 선수들은 상대적으로 소홀한 대접을 받는 느낌이 들 것이다. '나도 꼭 정상에 서리라!' 하는 마음으로 임하고 있지 않을까.

갤러리는 선수들의 부모들인 듯했다. 한 선수가 공을 칠 때마다 한 명의 "굿~ 샷~!" 목소리가 들렸다. 그리고 그 옆에서 소심한 박수를 치고 있는 우리 신씨 가족 3인이 전부였다.

큰맘 먹고 찾은 오늘 대회는 지용과 지윤에게 골프에 대한 관심을 끌어내기 위한 것이었지만, 실제 프로들의 스윙을 보고 싶기도 했다. 방송매체를 통해서만 보다 보니 스윙 스피드나 임팩트 소리, 공이 날아가는 궤적 등이 궁금했다.

현장에서 내 눈으로 직접 보니 역시 "프로는 프로구나!" 하는 생각이 들었다. 시원한 스윙 모습, 경쾌한 임팩트 소리, 하늘로 쭉 뻗는 공이 나를 감탄시켰다. 내 입장료가 3만 원, 아이들은 무료입장이 된 듯한 기분이었다.

정작 지용과 지윤의 관심을 끈 것은 잠자리였다. 예전에 강원도의 어느 골프 대회에 갤러리로 갔을 때는 가을이라 메뚜기가 많더니 오늘은 잠자리 천국이다. 경기 진행을 위해 세워놓은 간이 말뚝 위에 잠자리가 수십 마리씩 앉아 있었다. 선수들의 게임은 안중에도 없고 잠자리를 잡겠다며 말뚝만 쫓아다녔다.

노력의 성과! 잡았다, 잠자리!

허풍쟁이 지용이

이제 겨우 1홀 걸었는데 땀이 비오듯했다. 해수욕장에서 선탠하는 느낌이 이런 것일까? 모자를 썼는데도 머리가 후끈 달아오르고 팔뚝에서는 땀이 송글송글 솟았다. 유난히 땀을 많이 흘리는 지용이는 모자까지 흠뻑 젖었다. 선글라스를 챙기지 못해 계속 눈을 찡그리며 다녀야 했다. 그래도 프로들의 한 샷 한 샷을 지켜보려 했고, 지용이도 관심 있게 보도록 잔소리를 했다.

갤러리 에티켓 중에서 가장 중요한 것은 선수들에게 방해되지 않도록 조용히 있는 것이다. 갤러리의 작은 말소리와 움직임에도 프로들의 샷이 흔들릴 수 있기 때문이다. 선수들에게는 한 타 한 타가 소중하다. 깔끔한 한 타의 결과로 우승을 거머쥐어 스타가 될 수도 있고, 안 좋은 한 타로 컷오프되어 탈락할 수도 있다.

지용이는 아빠의 "쉿~ 조용! 움직이지 마!"라는 잔소리를 "아빠가 조용히 하래!" 하며 더 큰 목소리로 동생 지윤이에게 전했다. 오히려 선수들에게 방해가 될까 걱정이 될 정도였다.

나는 지용이에게 프로들의 멋진 스윙을 직접 보니 어떻냐고 물어보았다. 그러자 자기랑 폼이 똑같다며, 오히려 "나도 프로거든요!"라며 자랑스런 표정을 지었다. 도대체 이 허풍은 누구를 닮은 것인지 모르겠다. 아직도 어설픈 폼으로 뒤땅만 찍으면서 말만 변호사인 지용이는 나를 닮았나? 모르겠다.

선수들이 티샷을 하고 이동하는 동안에는 티잉 그라운드가 비어 있다. 그 틈을 타서 나는 지용, 지윤이의 기념사진을 찍어주었다. 홀인원 상품으로 전시된 고급 승용차를 배경으로도 한 컷 찍어주었다. 입장 기념품으로 받은 우산으로

지용이는 멋진 스윙을 보여주며,

　"어때! 프로랑 똑같지!"

하며 자랑스럽게 말했다.

티잉 그라운드에서 남매의 독특한 포즈!

우산도 휘어지네!

너희들은 언제쯤?

　너무 더운 날씨에 오래 걸어서 아이들이 무척 힘들어했다. 프로들의 멋진 스윙과 경기운영 능력 등을 보고 느끼기에 지용이는 아직 어렸다. 마지못해 아빠를 따라오긴 했지만, 골프대회에 흥미를 느낄 만큼은 아닌 것이다. 더구나 동생 지윤이는 9홀 내내 잠자리만 보며 걸었다. 언제쯤이면 흥미를 가지려나? 이것도 아빠의 욕심일까?

　지용이에게 골프는 성인이 되어 직장인이 될 때까지 아빠랑만 하는 운동으로 생각될 것이다. 계속적인 관심을 끌기 위해서는 한달에 최소 1~2회는 스크린 연습장이라도 다녀야 할 것 같다. 그것마저 안 하면 지용이는 스윙하는 것을 잊어버릴 수도 있을 것이다.

결국엔 또 아빠 몫인가? 5년 뒤, 10년 뒤 가족 골프 모임을 위해 오늘 내가 참아야 한다. 내 뜻대로 지용이가 움직이지 않는다고 화를 낸다면 10년 뒤의 나의 계획은 물거품이 될 것이므로.

갤러리는 너무 힘들어……

골프게임의
종류

　골프게임은 크게 프로와 아마추어 게임으로 나눌 수 있다. 프로들은 게임의 순위에 의해 돈을 버는 직업선수이고 한국에서의 아마추어들은 게임의 몰입과 즐거움을 위해 매 홀당 돈내기를 한다.

　프로선수들의 게임 룰을 알고 TV방송을 보면 훨씬 재미가 있다. 한 타에 상금이 왔다 갔다 하는 것을 생각하면 그 프로선수들의 긴장감을 같이 공유할 수 있고, 그런 모습에서 내가 골프를 임하는 자세가 더욱 정교해질 수도 있다.

　그렇지만 일반적인 아마추어들은 투어 프로대회와는 다른 게임을 즐기고 있다. 어찌 보면 더 복잡하고 상대방의 신경을 자극시키는 게임을 하곤 한다. 내기 골프를 하다 보면 상대방의 신경을 거슬리게 할 수도 있고, 내가 동반자들로 인하여 마음에 상처를 받을 수도 있다. 그러므로 서로에게 에티켓을 지켜야 좋은 동반자로 함께 플레이할 수 있다.

그럼 지금부터 보편적인 골프게임의 종류에 대해 좀 더 자세히 알아보자.

투어 프로대회

스트로크 방식은 가장 대중적이고 일반적인 방식이다. 한 번의 샷을 1타로 계산하여 18홀 동안 78번의 샷을 했다면 78타가 되는 것이다. 프로대회는 하루에 1라운드 18홀을 4일 동안 4라운드(18홀×4=72홀)에서 최저 타수를 친 선수가 우승을 하는 게임이다.

매치플레이 방식은 매 홀마다 승부를 가려서 많은 홀을 이긴 사람이 승리하는 게임으로 토너먼트 방식으로 이긴 선수끼리 다시 경쟁하여 최종 우승자를 가리는 게임이다.

아마추어 골프게임 종류

스트로크 게임은 상대방의 핸디를 고려하여 게임 시작 전에 서로의 핸디만큼 돈을 주고 난 후 매 홀마다 서로의 타수 차이대로 돈을 주는 방식이다. 동점자 3인이 나오면 다음 홀은 두 배의 상금이 걸린 배판이 된다.

스킨스(skins) 게임은 흔히 '빼먹기'라고도 한다. 각 홀마다 상금을 걸고 그 홀에서 최저 타수를 친 사람이 상금을 가져가는 방식으로, 동점자가 나오면 다음 홀로 이월되어 상금이 수여된다. 보통 핸디를 고려하여 8, 7, 6, 5만 원을 걸거나 똑같이 10만 원씩 걸어서 상금수여 후 남은 금액은 캐디피로 내는 경우도 있다.

OECD 스킨스 게임은 기존의 스킨스 방식을 좀 더 복잡하게 만든 것이다. 게임 전에 본인이 낸 돈의 절반을 따게 되면 오비, 해저드, 벙커, 3퍼팅, 트리플보기를 할 때 돈의 일부를 다시 낸다. 잘사는 나라는 국제사회에 돈을 더 많이 내므로, 돈을 많이 딴 실력자는 OECD에 가입하게 되어 베푼다는 의미로 생각하면 된다.

라스베이거스 게임은 흔히 '뽑기'라고 하는데, 매 홀마다 뽑기를 하여 2인 1팀이 되어 팀의 점수 합산으로 우승팀을 가려 상금을 수여하는 게임 방법이다. 매 홀마다 팀원이 달라져서 잘 치는 사람이 반드시 상금을 가져간다는 보장은 없다.
　그리고 변형된 라스베이거스 조커라는 게임 방식이 있다. 뽑기 중에 조커를 만들고, 조커를 뽑은 사람은 본인의 타수와 상관없이 무조건 보기(+1) 타수가 되어 재미를 더하는 게임이다.

포볼(four ball) 게임은 두 명이 한 팀이 되어, 둘 중 스코어가 좋은 사람끼리 비교하여 우승을 가리는 게임으로 핸디 차이가 별로 나지 않는 비슷한 수준의 골퍼들이 하면 재미있다.

포섬(four some) 게임은 포볼과 비슷하게 2인 1팀으로 구성되지만 팀당 한 개의 공으로 게임을 하는 것이 다른 게임과 가장 크게 다른 점이다.

신페리오(new peiro) 게임은 상대방의 핸디에 상관없이 공평한 게임을 위해 만들어진 스코어 계산법으로, 18홀 중에서 임의의 12개 홀만 합산하여 타수를 계산한다. 서로의 핸디를 계산하기가 어려운 단체모임에서 많이 이용하고 있다.

약간 복잡한 계산이지만 상식으로 알아두면 좋을 것 같아 소개하도록 한다. 계산법은 18홀 스코어-[{(임의의 12홀 스코어×1.5)-72타}×80%]이다. 예를 들면 최종 스코어가 90타이고 게임 진행자에 의해 선정된 12홀의 스코어가 68타라면 90-[{(68×1.5)-72}×0.8]=90-24=66타가 된다.

어니스트(honest) 게임은 핸디와 상관없이 본인이 치고 싶은 스코어를 미리 정해놓고 본인 타수에 가장 가까운 스코어가 나온 사람이 이기는 게임이다.

스테이블 포드(stable ford) 게임은 파를 기준으로 더블보기(-3), 보기(-1), 파(0), 버디(+2), 이글(+5), 알바트로스(+8)로 표시하여 18홀 후 점수를 합산하여 높은 점수가 이기는 방법이다.

아빠와
사랑스러운 아들의
가족골프 이야기!

6

230~256

버디로 아빠를
놀래키다!

01

오랜만에 지방의 골프장에 갔다. 요즘은 혹서기라서 주말 휴일이라도 오전 10시 전후부터는 비교적 저렴한 가격에 골프장을 이용할 수 있다.

지용이는 두 달 정도 골프채를 제대로 잡아보지 않다가 며칠 전부터 골프장에 간다고 맹연습을 했다. 오늘 버디를 해서 건담 한정판 모델을 사야겠다고 다짐을 하며 아빠를 약올리듯 골프장으로 향했다. 이동 중에는 학교 권장도서를 읽으며 마음을 다스리고 있다나…….

휴가철이라 평상시보다 한 시간 정도 일찍 출발했기 때문에 골프장 근처에서 아침식사를 했다. 새벽에 일어나서인지 가는 동안 내내 배가 고프다고 칭얼거리던 지용이는 갈비탕 한 그릇을 뚝딱 해치웠다. 전날까지만 해도 일기예보에 비 소식은 없었는데, 식사를 하는 중에 거센 소나기가 내렸다. 하늘은 계속 흐려 있었다.

첫 홀부터 버디 찬스!

이 골프장은 첫 홀부터 파3이었다. 티잉 그라운드에서 숲으로 우거진 해저드를 지나 그린이 있는 165m 정도로 제법 거리도 있고 심리적으로 해저드를 넘겨야 하는 부담감도 있는 어려운 홀이다. 화이트 티와 레드 티가 같은 곳에 있기 때문에 지용이는 드라이버를 잡았다.

지용이가 오랜만에 필드에 와서 첫 홀에 실패하면 실망할 것 같아 내심 걱정이 되었다. 그런데 그 걱정은 지용이의 멋진 드라이버 티샷으로 날아가버렸다. 좌측 경사면에 공이 맞았지만, 흘러 내려와 그린 중앙에 공이 섰다. 첫 홀부터 버디 찬스라고 우리는 매우 기뻐했다.

첫 홀을 무사히 마치고 자신감을 얻은 지용이는 두 번째 파4홀에서 완전히 무너지고 말았다. 드라이버 방향은 약간 빗나갔지만 150m 전후는 나갔는데, 세컨 우드샷을 계속 뒤땅을 치는 바람에 네 번 만에 겨우 그린에 공을 올렸다. 결과는 당연히 더블파였다.

그동안 필드 연습을 제법 해왔기 때문에 이번 게임에서는 지용이의 공을 좋은 라이로 옮겨주지 않고 그 자리에서 그대로 치기로 했다. 그리고 드라이버 티샷 실수에만 멀리건을 약속했다. 18홀 내내 드라이버로 멀리건을 받은 것은 딱 한 번뿐이었다. 성인 남자들에 비해 비거리가 짧아서 그런지 방향이 약간 틀어져도 OB나 해저드가 되는 일이 거의 없었다. 한편으로는 매우 부러웠다. 나도 오늘 해저드를 두 번 했었는데…….

전반전이 끝나갈 무렵부터 지용이는 다시 살아나기 시작했다. 7번, 8번 홀 연속파, 9번 홀 보기를 하며 전반전을 51타라는 우수한 스코어로 마무리했다.

비가 오락가락하는 날씨라 그런지 골프장이 바빠 보이지는 않았다. 그늘집 대기시간이 겨우 10분이어서 간단히 음료수와 빵을 먹고 후반전에 임했다.

신 프로의 골프장 방문 기념사진

골프장 기념촬영

아빠의 눈치를 살짝 보며 "7번?"

이 골프장은 후반전 첫 티샷을 기념하는 사진을 찍어주고 게임 후 그 사진이 마음에 들면 구입할 수 있는 기회를 주었다. 사진에 민감한 지용이는 사진기를 의식했는지 드라이버 티샷이 조금 당겨지며 왼쪽 러프 발끝 내리막 경사지역으로 공이 날아갔다. 전반전의 상승세가 꺾이는 순간이었다.

그래도 별 말 없이 아빠의 눈치를 살짝 보며 "7번?" 하면서, 가지고 갈 클럽을 물어보는 센스를 발휘했다. 발끝 내리막 경사이기 때문에 평상시보다 무릎을 구부려 자세를 낮추고, 긴 클럽을 선택했다. 풀스윙하기에는 좋지 않은 스탠스여서 나는 지용이에게 3/4스윙을 하도록 조언했다.

생애 첫 실전 버디

오늘의 하이라이트, 최고의 순간은 4번 홀, 핸디캡 1번, 파4홀에서 발생했다.

계속 오르막 홀이기 때문에 그린에 공을 올린다 해도 런이 발생하면 그린을 오버할 수밖에 없는 홀이었다. 그런데 지용이는 드라이버 티샷 후 7번 아이언으로 멋지게 홀컵 근처에 공을 세웠다.

약간 내리막 경사 3~4m 지점으로, 버디를 하기엔 조금 어려운 곳이었다. 지용이는 신발끈이 풀어진 것도 아랑곳하지 않고, 홀까지의 거리를 재고 경사를 파악하고 어드레스한 후 부드럽게 스트로크를 했다. 결과는 우리 모두를 깜짝 놀라게 했다. 버디! 지용이 생애 첫 실전 버디였다.

지용이의 '긍정의 힘'이 이 버디를 만들어낸 것이 아닐까? 평상시에 하던 말이 현실로 나타난 것이다. 캐디 누나는 지용이의 첫 버디를 홀인원만큼 대단하다며 기념 복주머니에 공을 담아주었다. 모자에 나비도 선물해주었다.

버디 세레모니, 복주머니에 담은 공을 들고 하늘을 나는 모습

아마 지용이는 이대로 게임을 끝내도 기분이 좋고 하늘을 날아가는 듯 기뻤을 것이다. 어제만 해도 골프 재미없다고 징징대던 지용이가 지금은 가장 재밌는 것이 골프란다!

오늘 지용이는 다양한 트러블 샷을 경험했다. 벙커에도 빠져보고, 오르막·내리막 경사에서 뒤땅도 찍어보고, 어프로치 뒤땅으로 50m 거리를 두 번에 올라오는 것은 당연한 것이 될 정도였다. 드라이버, 세컨샷은 기대 이상으로 잘해서 그 후에도 두세 번의 버디 찬스가 더 있었다.

그러나 그린에서만 3펏을 여러 번 했다. 지용이 본인도 많이 아쉬웠을 것이다. 그렇지만 오늘의 사건! 버디! 그 하나로 모든 것이 다 잊혀지고 생각도 안 날 것이다.

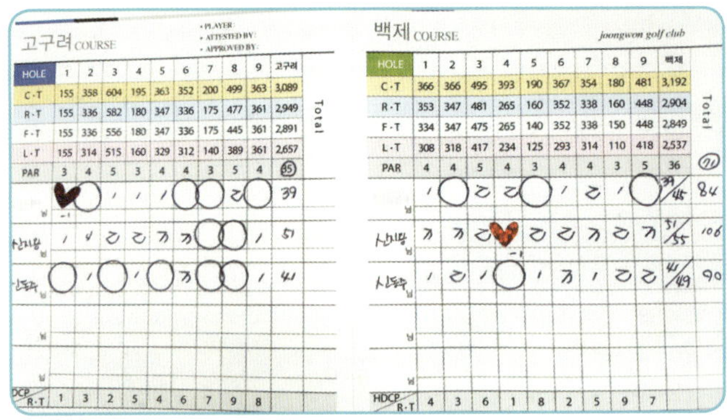

한여름, 우수한 성적표를 받아 본 지용이의 여유

아빠의 보람과 자꾸 얇아지는 지갑

오늘 지용이는 멀리건 네 번과 106타의 스코어, 그리고 버디를 했다. 나는 지용이의 여건에서 이 정도면 매우 훌륭한 점수라고 생각한다. 가르친 보람을 느꼈다.

올 초에 만들어놓은 골프 스코어에 따른 지용이의 용돈 수입은 7만1000원이었다. 106타에 5000원, 아빠에 2승하여 6000원, 아빠와 5홀 동타 1만 원, 버디 5만 원이다. 하루 수입치고는 완전 성공이다. 지용이는 아침에 3만 원을 자신하고 있었는데 목표를 초과달성한 것이다.

나는 지용이와 항상 동행하면서 상황에 맞는 클럽 선택, 목표방향 설정, 경사에 맞는 공의 위치 등을 알려주는 티칭프로 역할을 하느라 오늘도 후반전이 되면서 완전히 지쳐버렸다. 언제나 느끼는 것이지만, 자전거 가르칠 때 뛰어다니던 것보다 골프 가르치는 것이 더 어렵다.

세계랭킹은
어떻게 정해질까?

골프 방송이나 뉴스를 보면 매주 골프 랭킹을 확인할 수 있는데, 한 번쯤은 골프 랭킹이 어떻게 정해지는지 궁금했을 것이다. 랭킹을 결정하는 점수들의 계산이 복잡하여 개략적인 개념 위주로만 살펴보자.

남자는 월드 골프 랭킹(WGR, World Golf Ranking), 여자는 로렉스 랭킹(Rolex Ranking)으로 공식순위를 정하는데, 참가선수는 해당 시합과 순위에 의해 결정된 포인트를 받는다. 받은 포인트는 13주, 약 3개월간 적립되고 그 후 1주일마다 1/92씩 감점된다. 우승 없이 2년이 지나면 0점이 된다.(* 1년 52주 → 2년 104주, 104-92=13주) 평균 개인 포인트는 2년간 전체 받은 포인트를 참가 시합 수로 나누어 계산한다.

대회마다 정해지는 대회 포인트는 시합 시점의 WGR 200위까지와 작년 말 시점에서 자국에서의 상금랭킹 30위까지의 선수들 중에서 몇 명이 참가하는지에 따라 배점이 달라진다.

시합 시점의 WGR	1위	2위	3위	4위	5위	6위	7위	8위	………	16~30위	101~200위
포인트	45	37	32	27	24	21	20	19		11	1

❷ 자국에서의 랭킹 대회 포인트

작년 말 시점 자국에서의 랭킹	1위	2위	3위	4위	5위	6~15위	16~30위
포인트	8	7	6	5	4	3	1

모든 정식 프로대회는 1000포인트를 39개의 단계로 나누어 참가하는 선수들에게 랭킹순위에 따라 대회 포인트를 부여한다.

한국 여자골프 LF 포인트

LF포인트는 세계 최고 수준인 한국의 여자 골프 선수들의 KLPGA 대회 공식기록에 객관적 기준을 적용하고 점수로 환산하여 선수들을 평가하는 신개념 통합 골프 포인트 제도이다.

포인트는 순위 배점(1위~50위), 타수 배점(9단계 배점), 그리고 추가 배점의 합산으로 관리되고, 시즌 랭킹과 월간 랭킹 등을 발표하고 있다.

순위	배점	순위	배점	순위	배점	순위	배점	순위	배점
1	500	11	180	21	85	31	37	41	10
2	400	12	170	22	80	32	34	42	9
3	350	13	160	23	75	33	31	43	8
4	320	14	150	24	70	34	28	44	7
5	290	15	140	25	65	35	25	45	6
6	270	16	130	26	60	36	22	46	5
7	250	17	120	27	55	37	19	47	4
8	230	18	110	28	50	38	16	48	3
9	210	19	100	29	45	39	13	49	2
10	190	20	90	30	40	40	11	50	1

❷ 타수 배점

타수	알바트로스 (−3)	홀인원 (−2)	이글 (−2)	버디 (−1)	파 (0)	보기 (+1)	더블보기 (+2)	트리플보기 (+3)	기타 (+4)
배점	200	100	50	10	5	−20	−50	−70	−100

구분	배점	내용
연속대회 Top 10	200	연속대회 Top10의 기준은 KLPGA 투어 일정에 따르며, 선수 개인의 사정으로 대회에 불참한 경우 연속 Top10 대상에서 제외
컷오프(Cut Off) 실패	−100	컷오프 제도의 대회에서 컷오프되었을 경우 패널티 점수가 적용
−100 하한	−100	'순위 배점'과 '타수 배점'의 합이 −100 미만일 경우 하한 점수인 −100점이 적용

2016년 11월 13일 현재, 2016년 최종 랭킹 1위는 시즌 LF포인트 8936점을 확보한 고진영 선수가 차지했고 이승현(8213), 박성현(8055) 선수가 그 뒤를 잇고 있다. 그리고 11월 월간 순위 1위는 1035점을 확보한 홍진주 선수이다.

❶ 시즌 순위 (2016년 시즌)

순위	등락	선수명	참가 대회	총점 (P)	대회 순위 (P)	타수 (P)	대회 평균 (P)	연속 대회 TOP10 (P)	컷오프 (P)	−100 하한(P)
1	−	고진영	28	8,936	6,106	1,330	319.1	1,800	−300	0
2	−	이승현	28	8,213	5,773	1,140	293.3	1,400	−100	0
3	−	박성현	20	8,055	6,130	925	402.8	1,200	−200	0
4	−	배선우	30	7,823	5,703	1,020	260.8	1,400	−200	−100
5	−	장수연	28	7,125	5,065	1,060	254.5	1,200	−200	0
6	−	김해림	29	6,992	5,197	1,195	241.1	800	−200	0
7	−	이민영2	27	6,656	5,281	975	246.5	800	−300	−100
8	∧ 1	김민선5	31	6,087	5,117	770	196.4	600	−300	−100
9	∨ 1	정희원	30	5,722	4,322	1,000	190.7	400	0	0
10	∧ 1	조윤지	28	5,139	4,409	730	183.5	400	−400	0

순위	등락	선수명	참가 대회	총점 (P)	대회 순위 (P)	타수 (P)	대회 평균 (P)	연속 대회 TOP10 (P)	컷오프 (P)	−100 하한(P)
1	–	홍진주	2	1,035	690	145	517.5	200	0	0
2	∧ 6	이다연	2	980	650	130	490.0	200	0	0
3	∧ 4	김민선5	2	965	610	155	482.5	200	0	0
4	∧ 1	오지현	2	880	510	170	440.0	200	0	0
5	∧ 4	김지현	2	850	540	110	425.0	200	0	0
6	∧24	조윤지	2	673	528	145	336.5	0	0	0
7	∨3	허윤경	2	595	520	75	297.5	0	0	0
8	∨6	이승현	2	552	257	95	276.0	200	0	0
9	∨6	장수연	2	547	407	140	273.5	0	0	0
10	N	이민영2	1	475	400	75	475.0	0	0	0

사춘기인 아들과
골프로 소통하기

02 얼마 전부터 지용이가 변하고 있다는 것이 느껴진다. 이제 초등학교 5학년 여름방학인데 친구들과 노는 것을 더 좋아하고, 집에 있을 때는 자기 방에서 무엇인가 집중하고 있다. 마냥 아빠, 엄마를 따라다니던 시기는 지난 것인지……. 점점 혼자 있는 시간이 필요한 듯하다.

어느새 사춘기

서서히 공부가 스트레스로 다가올 시기일 것이다. 얼마 전부터 지용이는 일주일에 3일은 영어학원, 2일은 수학학원에 다니고 있다. 학원에 다녀오면 하루가 끝나버린다.

친구들과 뛰어놀 시간도 거의 없다. 물론 아파트 놀이터에 가도 친구들은 없다. 그 애들도 어디서 무엇인가를 배우고 있을 것이다. 기분을 풀어주기 위해 주말에는 건담을 조립할 수 있는 시간을 주고 있다.

지용이의 생활이 이렇다 보니 요즘에는 골프를 할 수 없게 되었다. 좀 더 적응되면 주3회라도 다시 골프연습장을 보내기로 하고, 우선은 나와 같이 주말에만 실내연습장에 가기로 했다.

일요일 딱 하루 한 시간만 하기로 했는데도 학교와 학원 숙제가 걱정되는지, 아니면 사춘기의 시작인지, 몇 달 전에 골프를 칠 때 보여주던 환한 미소는 사라졌다. 아빠가 가자고 하니까 어쩔 수 없이 끌려가서 아빠를 위한 스윙 몇 번 해주는 느낌이랄까……. 무언가 새로운 이벤트가 필요한 시점인 것 같다.

골프가 너의 행복의 통로가 되기를

앞으로 6개월, 1년을 잘 지내면 멋있는 청년으로 커갈 텐데……. 이럴 때 아빠의 역할이 무엇인지 생각하게 된다. 공을 잘 치기 위해 다그칠 필요는 없다. 공을 잘 칠 필요도 없다. 집과 학원을 벗어나 파란 하늘과 푸른 잔디 위에서 시원함을 느끼게 해주는 것만으로도 지용이에게는 골프가 행복의 통로일 수 있다.

연습장에 같이 가자는
아빠를 애써 외면하는 지용!

골프
기본 용어

◆ **그립(Grip)** 클럽의 손잡이.

◆ **그린(Green)** 홀컵이 있는 곳으로 퍼팅을 하는 곳.

◆ **넥(Neck)** 클럽헤드와 샤프트가 연결되는 부분.

◆ **뉴트럴 그립(Neutral grip)** 샤프트와 엄지손가락이 수평으로 일치하게 잡는 방법.

◆ **드라이버(Driver)** 비거리가 가장 많이 나는 클럽. 티샷할 때 사용.

◆ **다운 블로(Down blow)** 클럽헤드가 최저점을 지나기 전에 공을 맞추는 스윙 방법.

◆ **다운스윙(Down swing)** 스윙 탑에서 임팩트까지의 스윙 부분.

◆ **드로우(Draw)** 목표지점을 바라보고 오른쪽에서 왼쪽으로 가볍게 휘는 구질.

◆ **디보트(Divot)** 클럽에 의해 잔디가 파인 흔적으로 움푹 들어간 곳.

◆ **도그렉(Dog leg)** 개다리처럼 휘어져 있는 코스.

◆ **뒤땅** 헤드가 공에 먼저 맞지 못하고 공 뒤의 땅을 치는 것.

◆ **딤플(Dimple)** 공 표면에 동그랗게 패인 홈.

◆ **라이(Lie)** 클럽헤드와 클럽 샤프트의 각도. 그린의 경사도.

◆ **리딩에지(Leading edge)** 클럽의 솔과 페이스 면의 접착 면(모서리).

◆ **러프**(Rough) 풀이 무성한 곳. 대개 페어웨이 이외의 풀이 난 지역.

◆ **러닝 어프로치**(Running approach) 로프트가 적은 아이언으로 공을 굴려서 홀에 접근시키는 방법.

◆ **레이업**(Lay up) 해저드, 나뭇가지 등이 앞을 가로막아 한 번에 그린에 올리기 어려운 상황에서 그린에 올리기 좋은 곳으로 공을 쳐내는 행동.

◆ **롱 아이언**(Long iron) 1, 2, 3번 아이언. 샤프트가 길고 로프트가 낮아 다루기가 힘든 반면 비거리가 긴 편이다.

◆ **릴리스**(Release) 임팩트 구간에서 손의 힘을 빼고 헤드 스피드를 가속시키는 동작.

◆ **로브**(Lob) 공의 탄도를 높게 하여 런을 최소화하는 타법.

◆ **로프트**(Loft) 샤프트(Shaft)로부터 클럽페이스의 경사 또는 각도.

◆ **바운스**(Bounce) 공이 튀는 것.

◆ **버디**(Birdie) 한 홀의 규정 타수보다 하나 적은 타수로 홀인하는 것.

◆ **벙커**(Bunker) 모래로 된 장애물 지역.

◆ **보기**(Bogey) 파보다 하나 더 친 타수로 홀인.

◆ **보기 플레이어**(Bogey player) 1라운드 90 전후의 골퍼.

◆ **비거리** 공이 날아간 거리.

◆ **샌드 웨지**(Sand wedge) 주로 모래 벙커샷에 쓰는 아이언.

◆ **생크**(Sank) 공이 클럽 샤프트의 목 부분에 맞는 미스 샷.

◆ **샤프트**(Shaft) 클럽헤드와 그립을 연결하는 부분.

◆ **셋 업**(Set up) 공을 치기 위해 자세를 잡는 어드레스 동작.

◆ **솔**(Sole) 클럽헤드에서 지면과 닿는 부분.

◆ **숏게임**(Short game) 그린 위 또는 그린 주위에서 하는 플레이.

◆ **스위트 스팟**(Sweet spot) 클럽페이스의 중심점.

◆ **스윙 플레인**(Swing plain) 스윙 때 클럽, 손, 팔, 엉덩이 등의 궤적을 나타냄.

◆ **스웨이(Sway)** 스윙할 때 몸 중심선을 좌우로 움직이는 몸놀림.

◆ **스트로크(Stroke)** 퍼터로 공을 치는 동작.

◆ **스탠스(Stance)** 공을 치기 위한 발의 위치.

◆ **스퀘어 스탠스(Square stance)** 양쪽 발끝이 목표지점과 평행한 상태.

◆ **슬라이스(Slice)** 공이 오른쪽으로 꺾여 오른쪽으로 심하게 휘는 것.

◆ **스트롱 그립(Strong grip)** 뉴트럴 그립보다 오른쪽 방향으로 돌려 잡는 그립(훅 그립).

◆ **아크(Arc)** 스윙의 호, 궤도.

◆ **오비(Out of bounds)** 플레이 구역을 벗어난 지역(흰색 말뚝 밖). 1벌타 부여됨.

◆ **아이언(Iron)** 헤드 부분을 금속으로 만든 클럽.

◆ **어드레스(Address)** 공을 치기 위한 최종 준비동작.

◆ **어퍼 블로(Upper blow)** 스윙의 최저점을 통과한 후 클럽페이스가 위로 향할 때 공을 맞추는
타법.

◆ **어프로치(Approch)** 보통 100m 이내의 거리에서 직접 핀을 향해 공을 치는 것.

◆ **언더 파(Under par)** 규정 타수보다 적은 스코어.

◆ **언듈레이션(Undulation)** 코스의 높고 낮음(오르막과 내리막의 변화).

◆ **업라이트 스윙(Upright swing)** 스윙의 궤도가 지면과 수직에 가깝게 하는 스윙.

◆ **업 힐(Up hill)** 홀의 고저가 그린에 가까울수록 높게 되어 있을 때 부르는 말.

◆ **에지(Edge)** 홀, 그린, 벙커 등 가장자리 또는 끝.

◆ **에임(Aim)** 목표방향으로 자세를 취하는 것.

◆ **오버 스윙(Over swing)** 스윙의 탑 동작에서 필요 이상으로 클럽이 지면을 향할 정도로 크게
하는 동작.

◆ **오버래핑 그립(Over lapping grip)** 오른쪽 새끼손가락을 왼쪽 둘째 손가락과 셋째 손가락 사
이에 올려놓는 그립 방법.

◆ **오픈 스탠스(Open stance)** 스퀘어 스탠스에서 오른발 끝을 조금 목표방향으로 열고 취하는

자세.

◆ **온 그린(On green)** 공이 그린(green) 위에 올라감.

◆ **왜글(Waggle)** 스윙을 시작하기 전에 손목으로 클럽을 가볍게 흔들어주는 동작.

◆ **웨지(Wedge)** 어프로치용 아이언. 클럽페이스가 넓고 로프트가 크며 솔이 넓어 공의 역회전
과 띄우기가 쉬움.

◆ **이글(Eagle)** 한 홀에서 파보다 2타수 적은 스코어.

◆ **인사이드 아웃(Inside out)** 클럽헤드를 공의 비행선 안쪽에서 바깥쪽으로 스윙하는 것.

◆ **인터로킹 그립(Inter locking grip)** 오른손 새끼손가락과 왼손의 두 번째 손가락을 교차하여
쥐는 그립법.

◆ **임팩트(Impact)** 클럽헤드가 공을 가격하는 순간.

◆ **엑스팩터(X-factor)** 백스윙 시 허리의 회전각과 어깨의 회전각의 차이.

◆ **잠정구(Provisional ball)** 타구가 분실 또는 OB, 해저드 우려가 있을 때 그 결과를 확인하기
전에 잠정적으로 치는 공.

◆ **칩샷(Chip shot)** 어프로치 샷의 일종으로 짧은 거리에서 핀으로 치는 샷.

◆ **칩 앤 런(Chip and run)** 작은 로프트를 가진 클럽으로 그린의 가장자리나 러프에서 낮은 탄
도로 공을 굴려서 핀을 공략하는 샷.

◆ **크로스 핸드 그립(Cross hand grip)** 퍼팅할 때 방향성을 좋게 하기 위해, 왼손과 오른손의
위치를 바꾸는 그립 방법.

◆ **캐리(Carry)** 공이 날아간 거리.

◆ **컵(Cup)** 그린 위에 있는 홀.

◆ **클럽페이스(Club face)** 실제로 공을 치는 타구 면. 클럽의 종류에 따라 모양이 다양하다.

◆ **클럽헤드(Club head)** 클럽의 타구 면과 바닥 면을 포함한 부분.

◆ **콕킹(Cocking)** 백스윙 시 왼쪽 손목을 꺾는 동작.

◆ **토핑(Topping)** 클럽 바닥이나 리딩에지로 공 중앙의 윗부분을 치는 샷.

◆ **탑스윙**(Top swing) 백스윙의 최고점이자 다운스윙의 시작이 되는 점.

◆ **테이크 백**(Take back) 백스윙을 하기 위해 클럽을 뒤로 빼는 동작.

◆ **토우**(Toe) 클럽헤드의 끝부분.

◆ **트러블 샷**(Trouble shot) 샷을 하기 어려운 상황에서 하는 샷.

◆ **티**(Tee) 티잉 그라운드에서 샷을 하기 위해 공을 올려놓는 나무 또는 플라스틱. 그리고 티샷
의 위치표식을 말하기도 함.

◆ **티 그라운드**(Tee ground) 각 홀의 공을 처음 치는 구역.

◆ **티 마크**(Tee mark) 티의 구역을 정하기 위해 전방의 양측에 놓인 두 개의 표식.

◆ **티샷**(Tee shot) 티에서 공을 치는 것. 보통 티 업하고 친다.

◆ **티 오프**(Tee off) 첫 홀에서 공을 처음으로 치는 것.

◆ **티 업**(Tee up) 티 그라운드에서 제1타를 치기 위하여 공을 티에 올려놓는 일.

◆ **파**(Par) 정해진 기준 타수. 거리에 따라 파5(롱 홀), 파4(미들 홀), 파3(쇼트 홀)으로 구별
한다.

◆ **팔로우 스루**(Follow-through) 공을 친 후 공의 진행방향으로 손을 내밀어 탄력을 최대화하
는 스윙 동작.

◆ **풀스윙**(Full swing) 스윙의 7단계인 어드레스, 백스윙, 탑스윙, 다운스윙, 임팩트, 팔로우 스
루, 피니시가 모두 이루어진 스윙의 동작.

◆ **퍼팅 라인**(Putting line) 그린 위의 공과 홀인을 위해 예상되는 홀컵 사이의 선.

◆ **페어웨이**(Fairway) 티 그라운드와 그린 사이에 공을 치기 좋도록 잔디가 짧게 깎인 지역.

◆ **페이드**(Fade) 슬라이스처럼 심하진 않지만 공이 살짝 오른쪽으로 휘는 것.

◆ **풀**(Pull) 목표보다 왼쪽으로 공이 나간 경우.

◆ **프리샷 루틴**(Pre-shot routine) 샷을 하기 전에 습관적으로 하는 일련의 동작.

◆ **프린지**(Fringe) 그린의 주변에 정돈되어 깎여진 잔디.

◆ **플랫 스윙**(Flat swing) 수평에 가까운 스윙.

◆ **플레이 오프(Play off)** 정규 라운드가 무승부로 끝난 경우, 승부를 가리기 위한 연장전.

◆ **피칭 웨지(Pitching wedge)** 피칭 샷 용도로 만들어진 웨지.

◆ **피치 샷(Pitch shot)** 백 스핀을 가해 높이 쳐 올려서 목표지점에 착지한 후 거의 구르지 않고 정지하도록 치는 타법.

◆ **피치 앤 런(Pitch and run)** 공을 낮게 띄워서 더 많이 굴러가게 하는 어프로치 샷.

◆ **핀(Pin)** 홀에 꽂힌 깃대.

◆ **핑거 그립(Finger grip)** 야구 배트를 쥐는 것처럼 양 손가락으로 클럽을 감아쥐는 그립법.

◆ **피니시(Finish)** 스윙의 마무리 자세.

◆ **피봇(Pivot)** 테이크 백을 하면서 진행하는 허리 회전.

◆ **하프스윙(Half swing)** 풀스윙의 절반 크기만 스윙하여 거리조절하는 방법.

◆ **해저드(Hazard)** 연못과 같이 경기의 원활한 진행을 어렵게 하는 코스 내의 장애물.

◆ **핸드 퍼스트(Hand first)** 어드레스 시 클럽의 헤드보다 양손이 앞에 있는 것.

◆ **핸디캡(Handicap)** 각기 다른 수준의 골퍼들이 같은 조건에서 경기를 할 수 있도록 스코어를 보정해주는 것.

◆ **홀(Hole)** 그린에 만들어놓은 구멍. 깃대가 꽂혀 있으며, 18개 단위 코스를 의미한다.

◆ **홀인원(Hole in one)** 파3홀에서 1타로 공이 홀에 들어가는 것.

◆ **홀 아웃(Hole out)** 한 홀의 플레이를 마치는 것.

◆ **훅(Hook)** 시계 반대방향으로 도는 공의 회전. 오른쪽에서 왼쪽으로 휘어지는 구질.

◆ **헤드업(Head-up)** 임팩트를 보지 못하고 시선을 목표방향으로 미리 들어올리는 현상. 또는 백스윙 시 상체가 많이 움직여서 척추 각도가 변하는 상태를 말함.

10년 뒤 우리의
가족 골프여행을 상상하며

03

나는 인생계획을 자주 만들어본다. 1년 계획, 5년, 10년 계획 등 내가 생각하는 활동 가능 나이인 75세까지 하고 싶은 일, 하고 싶은 공부, 놀러 가고 싶은 곳 등 여러 가지를 메모하는 습관이 있다.

우리 가족의 여행 패턴을 바꿀 '골프 가족'의 시작도 몇 년 전부터 계획하던 것 중의 일부이다. 아이들이 성장할 때까지 기다리다가 최근에 본격적으로 시작한 것이다.

다행히도 지용이가 큰 불만 없이 따라와줘서 첫 번째 실행은 성공이었다. 앞으로 1년 후에는 동생 지윤이와 나의 사랑하는 아내가 골프에 입문할 차례다. 1년 정도 실내연습장에서 레슨을 받게 할 것이다. 어느 정도 스윙이 익숙해지면 쾌적한 스크린 연습장에서 가족모임도 할 것이다.

즐거운 골프의 세계로

지용이의 골프 성장과정을 거울삼아 예쁜 딸 지윤이와 아내의 골프 성장도 내가 함께할 것이다. 조금의 관심만으로도 지루하지 않고 어렵지 않게 즐거운 골프의 세계로 안내해줄 수 있다.

3년 후면 지용이는 중2, 지윤이는 초등학교 6학년이 된다. 사춘기의 절정에 있을 두 아이들을 데리고 놀러 다니기도 쉽지 않을 것이다. 하지만 골프라는 연결 통로로, 골프장이라는 놀이터로 놀러 간다면 싫어하진 않을 것이다.

드라이버 치는 건담과
퍼팅하는 곰돌이 장난감

10년 후면 지용이, 지윤이 모두 대학생이 되어 있을 것이다. 성인으로, 하나의 완벽한 인격체로서 집을 떠나 타 지역에서, 외국에서 생활할 수도 있다. 이때가 되면 아빠, 엄마와 같이 한 가족이 놀러 가기는 더욱 힘들어질 것이다.

나의 부모님은 지금 70대 중반이시다. 슬하에 우리 3남매 모두 평범한 직장과 배우자를 만나 보통의 삶을 살고 있다. 명절이나 생신 때 가족이 모여 함께 집에서 식사를 하며 이런저런 이야기를 하고 나면 다음을 기약하며 헤어진다. 이것이 보통 일상적인 가족들의 모임일 것이다.

조금은 특별한 가족모임을 꿈꾸며

나는 조금은 특별한 가족모임을 갖고 싶다. 10년 후부터는 1년에 한두 번 지방의 저렴하면서 좋은 관광지 인근 골프장에서 1박2일 가족 야유회를 가질 것이다. '남자 vs. 여자', '부모 vs. 자녀' 또는 '아빠·딸 vs. 엄마·아들' 등으로 팀을 만들어 게임을 하면서 여유를 즐길 것이다.

여건이 된다면 직장을 잠시 쉬면서 식구들 모두 미국이나 뉴질랜드와 같이 어학과 골프를 동시에 할 수 있는 나라에 가서 1년 정도 재충전의 기회를 갖고 싶다. 주말이면 자동차 트렁크에 골프백을 싣고 동네구경을 하면서 인근 저렴한 골프장에서 한 게임하고 다음 지역으로 이동하고……. 생각만 해도 기분이 좋다. 그리고 그런 날을 위해서 열심히 준비해야겠다는 마음을 먹게 된다.

우리가 꿈꾸는 가족 골프대회

참고문헌

How I Play Golf(Tiger Woods with the editors of Golf Digest, 2001)

How to make every PUTT(Dr. Joseph Parent, 2013)

Think Like Tiger(John Andrisani, 2002)

The fundamentals of PUTTING(Frank Thomas, 2012)

Dave Pelz's Short Game Bible(Dave Pelz, 1999)

Dave Pelz's Putting Bible(Dave Pelz, 2000)

Golf Basic Lesson(우에무라 케이타, 2011)

High Class Golf(신준수, 박형섭, 2013)

골프입문서(서울스포츠대학원대학교, 2005)

한국 골프장 현황 (한국골프장경영협회, 2016)

필드에서 읽는 골프책(김기호, 2011)

스크린골프 바이블(매일경제신문사, 2011)

골프인더존(아드리안 프라이어, 2009)

Rules of Golf (R&A Rules Limited & USGA, 2016)

2016 Tournament Schedule (LPGA, 2016)

한국프로골프협회 홈페이지(www.koreapga.com)

미국프로골프협회 홈페이지(www.usga.org)

전국골프장현황(한국골프장경영협회, 2016)

LF포인트 공식홈페이지(http://lfpoint.golf.sbs.co.kr)

위키백과(https://ko.wikipedia.org)

네이버 지식백과